职业教育新形态精品教材

数字经济概论

主　编　俞发仁　罗德兴
副主编　王养生　郑志建　林　威
杨颖颖　余　烁　金耀希

北京理工大学出版社
BEIJING INSTITUTE OF TECHNOLOGY PRESS

内容摘要

本书注重课程之间的互相融通及理论与实践的有机衔接，形成了多元多维、全时全程的评价体系，并基于互联网，融合现代通信技术，配套开发了丰富的数字化资源。本书共分8个模块，主要内容包括数字经济概述、数字技术与数字经济、数字经济与传统产业的融合、数字经济与新业态的兴起、数字经济的政策环境、数字经济人才培养、数字经济国际化，以及数字经济创新。本书内容编排新颖，语言通俗易懂，图文并茂，侧重于从理论层面揭示数字经济的运行规律，并辅以大量的案例和实践，以应用性和实用性为导向，具有鲜明的时代特色。

本书可以作为高职高专院校的通识类课程教材，也可以作为相关领域研究人员的参考用书。

图书在版编目（CIP）数据

数字经济概论 / 俞发仁，罗德兴主编. -- 北京：北京理工大学出版社，2023.8
ISBN 978-7-5763-2856-1

Ⅰ.①数… Ⅱ.①俞… ②罗… Ⅲ.①信息经济－高等学校－教材 Ⅳ.①F49

中国国家版本馆CIP数据核字（2023）第171603号

责任编辑：封　雪　　**文案编辑**：毛慧佳
责任校对：刘亚男　　**责任印制**：王美丽

出版发行 / 北京理工大学出版社有限责任公司
社　　址 / 北京市丰台区四合庄路6号
邮　　编 / 100070
电　　话 / （010）68914026（教材售后服务热线）
（010）68944437（课件资源服务热线）
网　　址 / http：//www.bitpress.com.cn

版 印 次 / 2023年8月第1版第1次印刷
印　　刷 / 河北鑫彩博图印刷有限公司
开　　本 / 787 mm×1092 mm　1/16
印　　张 / 10
字　　数 / 198千字
定　　价 / 35.00元

图书出现印装质量问题，请拨打售后服务热线，负责调换

PREFACE

前言

当前，以数字经济为代表的新经济快速发展。2022 年 1 月，国务院正式发布了数字经济领域的首部国家级规划——《“十四五”数字经济发展规划》。该规划提出，到 2025 年数字经济核心产业增加值占 GDP 比例将由 2020 年的 7.8% 提升至 10%，规模将达到 13 万亿元。数字经济的发展也必然要依靠高质量教育来提供人才支撑。国家互联网信息办公室会编制的《数字中国发展报告（2022 年）》指出，2022 年，我国数字经济规模达 50.2 万亿元，总量稳居世界第二，同比增长 10.3%，占国内生产总值的比例提升至 41.5%。以数字经济为代表的新经济催生出一系列新产业、新业态、新职业、新模式，为学生就业创业开拓了新的空间，也给学校的“数字型”高素质技术技能人才的培养带来新的挑战。本书以“数字化 +”升级传统专业、重构人才培养模式等方式，提升学生的数字素养和数字技能，解决传统专业培养内容落后、不实用等问题，促进学生高质量就业，对数字经济的普及教育尤为重要。

本书以高职高专“数字工匠”人才培养为目标编写，根据高职高专学生的知识结构和层次特点，力求融“教、学、做”为一体，表现了高职教育的“职业性”和“开放性”要求，力求体现以培养学生的数字应用能力为先导的理念，摒弃理论课程大而全的构架和繁缛的文字表述，选择与实践能力密切相关的知识结构，旨在启发学生理解数字经济的核心思想、基本要素、思维方式和工具方法，为今后的深入学习奠定坚实的基础，从而培养具有数字经济领导力、数字化的业务能力及数字化的发展潜能的数字化人才。

本书由中国职业技术教育学会数字化工作委员会常务委员、全国高校人工智能与大数据创新联盟常务理事、福建省高等教育学会常务理事、福建省高等教育学会毕业生就业管理与指导专业委员会副理事长兼秘书长、福建省 VR/AR 行业职业教育指导委员会常务副主任、福建省中华职业教育社民办职业教育专业委员会委员、福州软件职业技术学院校长俞发仁和福建经济学校罗德兴担任主编；由福建经济学校王养生，福州软件职业技术学院郑志建、林威、杨颖颖、余烁和无锡商业职业技术学院金耀希担任副主编。

本书内容充实、结构合理，为学生提供全面指导，既便于教师灵活采用多种形式及方法组织和实施教学，也便于学生开展自学、相互探讨和巩固课堂知识。

本书构建了一套适用于高职院校学生易于理解、掌握的课程体系，力求系统、完整、科学、严谨。本书在结构体系上有两条主线：一是从时代维度上，结合思政元素，介绍数字经济学的肇始、发展、变化，以及未来的发展前景，为学生理解本课程的知识脉络起到奠定基础和承上启下的作用；二是从当代数字技术的层面上，讲解当代数字技术相关的知识，包括大数据、云计算、区块链、人工智能、数字孪生等，帮助学生掌握数字经济时代所应具备的知识以及这些知识的内在联系，为今后学习各门专业课程构建视域，激发学生的学习兴趣。

由于编者水平有限，书中难免存在疏漏之处，恳请广大读者批评指正。

编　者

CONTENTS

目 录

模块1 MODULE 1

数字经济概述

名人名言

数字经济是新时代的经济形态，是推动中国经济高质量发展的重要力量。

——马化腾，腾讯公司创始人兼董事会主席兼CEO

学习目标

知识目标：

通过学习本模块，掌握数字经济的基本定义及数字经济的特点，了解数字经济和传统经济的异同。

技能目标：

学会运用数字经济学眼光去分析现实生活的各种现象，理解数字经济的定义及其发展的各阶段。

素养目标：

了解数字经济的发展历程，培养热爱科学、实事求是学风和创新意识，具备对数字经济基本分析工具的运用能力和核心概念的理解力。

模块导入

我国数字经济规模快速增长

2022年，面对新的经济下行压力，各级政府，各类企业纷纷把发展数字经济作为培育经济增长新动能、抢抓发展新机遇的重要手段，使数字经济发展持续释放活力，使我国数字经济规模达到50.2万亿元，同比增长4.68万亿元。至此，数字经济在国民经济中的地位更加稳固，占GDP比例进一步提升，达到41.5%，这一比例相当于第二产业占国民经济的比例（2022年，我国第二产业占GDP比例为39.9%）。其作为国民经济的重要支柱地位更加凸显。图1-1所示为2017—2022年我国数字经济规模。

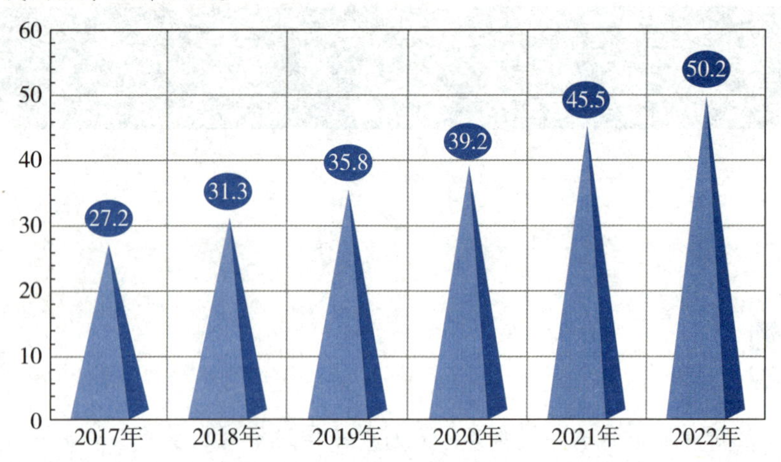

图1-1　我国数字经济规模（万亿元）（数据来源：中国信息通信研究院）

单元1　数字经济的定义

数字经济是一种基于数字技术的经济形态，利用互联网、大数据、人工智能等新兴技术，推动经济活动的数字化、网络化和智能化。它涵盖数字化的产业、商业模式、商务活动和经济体系。

数字经济具有以下几个显著特点：

（1）数据驱动。数字经济时代，数据被视为重要的生产要素和资产。通过大数据分析和人工智能技术，海量的数据可以被挖掘、分析和利用，为企业和决策者提供有价值的信息和商业洞察。数据的收集、存储和处理能力成为企业竞争的核心能力。

（2）商业模式创新。数字经济催生了许多新的商业模式和商务活动。例如，电子商务平台的兴起改变了传统的零售模式，云计算和软件等改变了传统的IT服务提供方式。数字技术的应用促使企业重新思考和创新商业模式，使运营更高效，也使用户体验更好。

（3）网络化和全球化。互联网的普及和数字技术的发展使人们可以随时随地在网上交流并进行在线交易。数字经济打破了地域和时间的限制，促进了全球范围内的合作与竞争。跨境电商、远程办公和虚拟会议等方式成为日常工作和生活的一部分，推动了全球经济的互联互通。

（4）技术驱动和创新能力。数字经济注重技术的应用和创新。不断涌现的新兴技术（如人工智能、物联网、区块链等）推动了数字经济的发展。因此，企业需要具备不断学习和适应新技术的能力，以保持竞争优势。

（5）对人才需求的变化。数字经济对人才的需求发生了巨大的变化。除传统的专业技能外，数字经济对数字技术、数据分析、网络安全、创新思维和跨界合作等方面的能力提出了更高的要求。因此，培养和吸引具备数字化素养和创新能力的人才成为企业和国家的重要任务。

数字经济的发展为经济增长和社会进步带来了新机遇和新挑战。同时，数字经济也存在一些问题需要人们解决，主要包括以下几类：

（1）数据隐私和安全。随着数字经济的发展，个人和企业的数据被广泛收集与利用，对数据隐私和安全提出了更高的要求。保护个人隐私和防止数据泄露、滥用成为数字经济中的重要问题，需要建立健全的数据保护法律和安全措施。

（2）数字鸿沟。数字经济发展的不平衡可能导致数字鸿沟加深。因为一些地区、群体或企业可能因缺乏数字技术和数字化能力而无法充分参与数字经济，从而造成经济和社会出现不平等现象。因此，促进数字化包容性和提供数字化培训与支持至关重要。

（3）就业和职业转型。数字经济的快速发展对劳动力市场产生了影响。一方面，数字化的产业和新兴技术为就业创造了新的机会；另一方面，一些传统产业和职业可能面临压力和转型需求。因此，教育和培训系统需要与数字经济的发展保持同步，并为其提供相关技能和知识的培训，以适应经济结构的变化。

（4）法律和监管挑战。数字经济的发展带来了新的法律和监管挑战。例如，由于电子商务的跨境交易和互联网平台存在监管问题，需要制定适应性强的法律框架和监管机制，这样才能保证交易公平，维护消费者权益并确保数据安全。

（5）社会影响和伦理问题。数字经济对社会产生广泛影响，如人们的生活方式、社交行为、就业关系等发生变化。同时，人工智能和自动化技术的应用也引发了一系列伦理问题和道德问题，如隐私保护、算法偏见和人工智能的责任等。

总之，数字经济作为一种基于数字技术的经济形态，给经济和社会带来了巨大影响。充分发挥了数字技术的优势、解决相应的挑战和问题，有助于推动数字经济的可持续发展，从而实现经济增长和社会进步的目标。

单元 2　数字经济的起源、发展历程与特点

2.1　数字经济的起源和发展历程

2.1.1　数字经济的起源

数字经济的起源可以追溯到计算机技术的发展和互联网的诞生。以下是数字经济的起源背景。

（1）计算机技术的发展。计算机技术是数字经济的基础，其发展为数字经济提供了技术支持。计算机的发明和普及使数据处理和信息存储变得更加高效与可靠。随着计算机技术的不断进步，人们可以更快地处理数据并进行复杂的计算和分析。

（2）互联网的诞生。互联网的诞生和广泛应用为数字经济的兴起奠定了基础。互联网将世界各地的计算机连接在一起，为人们提供了全球范围内的通信和交流平台，实现了信息共享。互联网的普及推动了信息的自由流动和商业活动的全球化。

（3）电子商务的发展。随着互联网的发展，电子商务逐渐成为数字经济的重要组成部分。电子商务是指通过电子手段进行商业交易的活动，包括在线购物、在线支付、电子拍卖等。互联网的便利性和全球范围的覆盖使电子商务得以迅速发展，改变了传统商业模式，促进了全球贸易的增长。

（4）数字化的产业和商业模式。随着互联网和计算机技术的发展，一些传统产业开始向数字化转型，即采用数字化的生产方式和商业模式。数字化的产业包括数字媒体、软件开发、在线教育、在线娱乐等领域。这些产业利用互联网和数字技术实现了生产、传播和销售的数字化，带动了数字经济的进一步发展。

（5）大数据和人工智能的应用。随着大数据和人工智能技术的快速发展，数字经济得到了进一步发展。大数据分析和人工智能技术使海量的数据能够被高效处理和利用，为企业和决策者提供了有价值的信息与商业洞察。这些技术的应用促进了数字经济技术的创新。

综上所述，随着技术的进步和商业模式的创新，数字经济还在不断扩大范围和影响力。从最初的计算机应用到互联网的兴起，再到今天的大数据和人工智能的应用，数字经济正在不断地改变着人们的生活状况和经济形态。

以下几个关键因素推动了数字经济的发展：

（1）计算机技术的快速发展使数据的处理和存储变得更加高效与便捷。计算机的出

现为数字化经济打下了基础，使企业和个人能够更好地利用数据进行决策与创新。

（2）互联网的兴起和普及为数字经济的蓬勃发展提供了基础设施与平台。互联网连接了全球范围的计算机网络，使信息和数据可以在全球范围内自由传输。这为电子商务的兴起、在线服务的发展和数字化产业的升级创造了条件。

（3）数字化的商业模式和创新推动了数字经济的发展。互联网的出现催生了新的商业模式，如电子商务、在线广告、共享经济等。这些新兴模式通过数字技术的应用改变了传统产业的运作方式，创造了新的商机和就业机会。

另外，大数据和人工智能的快速发展也为数字经济注入了新的动力。大数据的出现使海量的数据能够被高效收集、存储和分析，为企业和决策者提供了更深入的洞察与商业价值。人工智能技术的应用（如自然语言处理、图像识别、智能推荐等）使机器能够模仿和模拟人类的智能行为，进一步推动了数字经济的发展。

总之，数字经济的起源可以追溯到计算机技术的发展和互联网的普及。它通过数字化的技术和商业模式改变了人们的生活方式、商业运作方式和经济结构。随着技术的不断进步和创新的推动，数字经济将继续发展并影响着人们的未来。

2.1.2 数字经济的发展历程

数字经济逐渐成为全球经济的重要组成部分，其发展历程可以追溯到 20 世纪 80 年代末和 90 年代初。以下是数字经济的主要发展阶段。

（1）起步阶段（1989—1995 年）。起步阶段标志着互联网的商业化起步。互联网的普及使人们开始浏览网页并使用电子邮件。此时，电子商务的雏形出现了，主要功能有在线购物和电子支付为主。

（2）网络化和电子商务阶段（1995—2000 年）。在网络化和电子商务阶段，互联网的普及和技术的进步推动了电子商务的快速发展。在线购物、在线支付、在线拍卖等电子商务模式迅速兴起。同时，企业开始意识到数字化的重要性，通过建立企业网站、在线销售和供应链管理等方式来实现数字化转型。

（3）大数据和移动互联阶段（2000—2009 年）。随着移动互联网的兴起和智能手机的普及，人们可以随时随地通过移动设备进行在线交流和交易。社交媒体的崛起和大数据分析的应用，使个人和企业能够更加深入地了解用户的需求与市场的趋势。同时，云计算的出现带来了强大的数据存储和处理能力，为数字经济的发展提供了技术支持。

（4）人工智能和物联网阶段（2010 年至今）。人工智能和物联网的快速发展成为数字经济的新动力。人工智能技术的应用范围逐渐扩大，覆盖了自然语言处理、图像识别、智能推荐等领域。物联网的普及使物理世界与数字世界的连接更加紧密，实现了设备之间的互联和信息的实时传输。

（5）数字化转型和新兴技术整合阶段（当前阶段）。当前，数字经济正经历着数字化转型的全面推进。新兴技术如区块链、5G通信、虚拟现实等不断涌现，为数字经济带来新的机遇和挑战。政府和企业纷纷加大对数字化转型的投入，并探索新的商业模式和创新应用。

（6）数据隐私和安全阶段（当前阶段）。随着数字经济的不断发展，数据隐私和安全成为重要的关注点。随着大量个人和企业数据的产生与存储，数据泄露和网络攻击的风险也日益增加。因此，保护用户数据隐私和确保网络安全成为数字经济发展的重要任务之一。

（7）跨界融合和数字化创新阶段（当前阶段）。数字经济正在促进不同行业的融合。传统产业和数字技术的结合正在重塑商业模式与经济格局。新兴的数字技术如人工智能、大数据分析、物联网等与传统行业相结合，推动着数字化创新。例如，智能制造、智慧城市、智能交通等领域的发展都是数字经济融合创新的典型例子。

总体而言，数字经济的发展历程经历了不同阶段的演变和创新。从互联网的起步阶段到移动互联和人工智能的崛起，数字经济不断地改变着经济结构和商业模式。随着新兴技术的不断涌现和数字化转型的推进，数字经济将继续发展，并会进一步影响人们的生活状况和经济形态。

2.2 数字经济的特点

数字经济是当今经济领域中引人瞩目的发展方向，具有以下几个显著特点，而这些特点塑造了数字经济的独特性和潜力。

（1）数字化：数字经济的核心是数字化，它依赖于信息和通信技术的广泛应用。数字化使数据的处理、传输和存储变得更加高效与便捷。企业和个人可以通过互联网、移动设备等渠道获取与分享信息，从而实现更快速、更准确地做出决策。

（2）全球化：数字经济打破了传统经济的地域限制，实现了全球范围内的经济活动和交流。互联网的普及和电子商务的兴起使跨国贸易、国际合作和全球供应链成为可能。企业和个人可以通过数字平台进行跨境交易与合作，从而拓展市场。

（3）创新驱动：数字经济的发展离不开创新的推动。新兴技术如人工智能、大数据分析、物联网等不断涌现，为数字经济带来了创新的机会。企业需要不断探索新的商业模式、产品和服务，以适应数字化时代的需求。同时，创新也推动着数字经济的进一步发展。

（4）网络外部性：数字经济的发展呈现出明显的网络外部性效应。随着用户数量的增加，数字平台和应用程序的价值与吸引力也随之增加。例如，社交媒体平台的用户越多，其交流和互动的效果就越好。这种网络外部性的效应使数字经济具有规模经济和正反馈的特点。

（5）数据驱动：数字经济以数据为基础，数据的收集、分析和应用成为关键。大数据的出现使海量的数据可以被高效收集、存储和分析，为企业和决策者提供了更深入的洞察与商业价值。数据驱动的决策和创新成为数字经济中的核心要素。

（6）个性化和定制化：数字经济为个人提供了更多的选择和定制化的机会。通过个性化推荐，以及定制化产品和服务，数字经济满足了人们对个性化需求的追求。消费者可以根据自己的喜好和需求选择最适合的产品与服务，企业也能够满足人们的个体化需求，为他们提供定制化的解决方案。

（7）社会参与和共享经济：数字经济促进了更广泛的社会参与和共享经济的发展。通过数字平台和社交媒体，个人可以参与在线社区、参与公共事务和分享经验。共享经济模式的兴起（如共享单车、共享住宿等）使资源得到更有效地利用，推动了资源共享和可持续发展的发展。

（8）可持续发展：数字经济与可持续发展密切相关。数字技术的应用可以帮助实现资源的节约和环境的保护。例如，通过智能能源管理系统并使用智慧城市解决方案，数字经济可以提高能源使用效率和城市运行效率，降低能源消耗量和碳排放量。

（9）就业机会和技能需求：数字经济的发展为就业创造了新的机会，并对劳动力的技能要求提出了新的挑战。数字技术的应用需要具备相关的技能和知识，如数据分析、编程、数字营销等。同时，数字经济也推动了新兴职业的发展，如网络营销师、数据科学家等。

综上所述，数字经济具有数字化、全球化、创新驱动、网络外部性、数据驱动、个性化和定制化、社会参与和共享经济、可持续发展、就业机会和技能需求等显著特点。这些特点使数字经济成为推动经济增长、促进社会发展和提高人们生活质量的重要力量。

2.2.1 数据驱动

数字经济的一个重要特点就是数据驱动，这意味着数据在数字经济中扮演着至关重要的角色，影响着经济活动的方方面面。

（1）数据收集与存储。数字经济依赖的是数据收集和存储。通过各种传感器、设备和应用程序，其能够收集大量的数据，包括用户行为数据、交易数据、社交媒体数据等。这些数据以结构化和非结构化的形式存在，需要有效的存储和管理，以便后续进行处理和分析。

（2）数据分析与洞察。数字经济中的数据并不仅有存储信息的功能，更重要的是如何从中提取有价值的洞察和见解。数据分析技术的发展使人们能够利用各种统计、机器学习和人工智能方法，对数据进行深入的分析和挖掘。企业通过数据分析，可以了解用户行为模式、市场趋势、产品需求等，从而指导决策和优化业务流程。

（3）个性化与定制化。数据驱动的数字经济使个性化和定制化成为可能。通过分析用户数据，企业可以了解每个用户的兴趣、喜好和需求，并提供个性化的产品和服务。个性化推荐、定制化产品和定价策略等都是数据驱动的结果，它们提高了用户体验、增加了用户忠诚度，同时，也为企业创造了更高的收益和竞争优势。

（4）运营优化与效率提升。数据驱动的数字经济使企业能够更好地了解和管理其运营过程。通过对大量数据的分析，企业可以识别出瓶颈、优化流程，并采取相应的措施提升运营效率。例如，通过数据分析，企业可以实现库存的精确管理、生产计划的优化和供应链的协调，从而降低成本、提高响应速度和消费者满意度。

（5）创新和新商业模式。数据驱动的数字经济为创新和新兴的商业模式提供了契机。对数据进行深入分析后，企业可以发现新的商业机会、洞察市场需求，并基于数据驱动的见解进行创新。另外，数据也为企业开展新的业务模式和合作提供了依据，如共享经济、平台经济等。

数据驱动的数字经济也带来了一些挑战和关注点，具体如下：

（1）数据隐私与安全。随着数据的大规模收集和使用，数据隐私和安全成为一个重要的问题。保护用户的个人信息和敏感数据，以及防止数据泄露和滥用是数字经济发展中必须解决的难题。法律法规、数据保护技术和隐私保护措施等都需要与数据驱动的经济相适应。

（2）数据质量和可靠性。数据质量和可靠性对于数据驱动的经济至关重要。不准确、不完整或不可靠的数据可能导致错误的决策和分析结果。因此，数据采集、清洗和验证等步骤就至关重要，其可以确保数据的质量和可信度。

（3）技术和人才需求。数据驱动的经济需要具备相关技术和人才来进行数据分析与应用。这涉及数据科学、机器学习、统计分析等领域的专业知识和技能。因此，培养和吸引相关人才成为数字经济发展中的重要任务。

（4）法律和伦理问题。随着数据的广泛应用和数据驱动的决策，法律和伦理问题也变得复杂与敏感。例如，数据所有权、数据使用的合法性、算法的公平性和透明性等问题需要法律与伦理的规范及监管。

（5）数字鸿沟与不平等。数字经济的发展可能会导致数字鸿沟的加剧，即信息和技术资源的不均衡分配。那些无法访问和利用数字技术的个人与地区可能会受到排除及边缘化。因此，数字包容性和数字技术的普惠性成为数字经济发展过程中需要关注的问题。

总之，数据驱动是数字经济的一个重要特点，它以数据的收集、分析和应用为核心，推动了经济的创新、效率和个性化。然而，数据驱动的经济也面临着一系列挑战和问题，需要综合考虑技术、法律法规、伦理和社会等多个方面的因素，以使数字经济可持续、公正和包容地发展。

2.2.2 全球化和无国界性

数字经济的全球化和无国界性是其重要特征之一。

（1）全球化。数字经济的发展推动了全球经济的深度融合和互联互通。通过互联网和数字技术，企业可以轻松地跨越地域和国界，在全球范围内进行商业活动。无论是跨国企业还是创业公司，都可以利用数字平台和在线市场，将产品和服务推向全球消费者。全球化使企业能够进入新的市场，扩大销售渠道，获得更多的机会和竞争优势。同时，消费者也受益于数字经济全球化，因为他们可以获得来自世界各地的产品和服务，享受更多的选择和便利。

（2）无国界性。数字经济的发展打破了传统经济中的国界限制。互联网和数字技术使信息、资金和人才能够快速、便捷地跨越国界流动。企业可以在全球范围内寻找供应商、合作伙伴与客户，建立虚拟的合作网络和价值链。无论是小型企业，还是个人创业者，都可以通过在线平台和数字工具参与全球市场的竞争。无国界性促进了资源的高效配置与全球企业的合作，推动了技术创新和经济增长。

总体而言，数字经济的全球化和无国界性改变了传统经济的格局与方式，为企业和消费者带来了许多机遇与挑战。通过全球化和无国界性，企业可以突破地域的限制，进入全球市场，扩大业务规模，从而获得更多的机会。消费者也能够享受到来自世界各地的产品和服务，从而获得更多的选择。

然而，全球化和无国界性也带来了一些问题与挑战。例如，知识产权保护成为跨国经营中的重要问题，企业需要寻求合法的知识产权保护措施，防止知识产权的侵权和盗窃。数据安全和隐私保护也是全球化时代的重要议题，企业需要合规地处理和保护用户的个人信息，遵守不同国家和地区的隐私法规。另外，不同国家之间的政策差异和利益冲突也可能给企业带来挑战，需要进行跨国合作和协调。

为了充分利用全球化和无国界性的机遇，各国政府和企业可以采取以下措施：

（1）政府层面。政府可以制定开放的数字经济政策和法规，鼓励国内企业参与全球市场竞争，吸引跨国企业和投资。政府还可以提供良好的数字基础设施和创新环境，支持企业进行技术创新并促进国际合作。

（2）企业层面。企业需要加强国际合作，建立全球化的合作网络。通过与跨国企业和合作伙伴的合作，企业之间可以分享资源和经验，共同开拓全球市场。另外，企业还需要培养跨文化和跨国界的管理能力，了解不同国家和地区的文化、法律与市场需求。

（3）技术支持。数字技术在促进全球化和无国界性方面起着重要作用。企业可以利用先进的数字技术工具和平台，扩大全球业务和客户群体。同时，企业还应不断提升自身的数据处理和分析能力，掌握大数据、人工智能和物联网等技术，为全球化运营提供支持。

（4）国际合作。国际组织和跨国机构可以在全球化与无国界性方面提供支持及合作，然后通过建立国际合作平台和机制，促进各国之间的经济交流与合作。例如，国际贸易组织可以推动数字贸易的规则和标准化，确保数字经济在全球范围内的公平和有序发展。同时，各国政府可以通过双边和多边合作，加强在数字经济领域的政策协调和经验分享，共同应对全球化和无国界性带来的挑战。另外，各国政府还需要加强全球合作，以应对全球化和无国界性带来的挑战。在数据安全和隐私保护方面，各国可以加强合作，制定共同的标准和原则，确保数据的安全和隐私权的保护。在知识产权保护方面，各国可以加强协作，加强知识产权的国际保护机制，防止知识产权的侵权和盗窃。

综上所述，数字经济的全球化和无国界性为企业与消费者带来了许多机遇及挑战。通政府和企业通过努力，充分利用全球化和无国界性的优势，可以实现经济的互利共赢和可持续发展。同时，二者还需要加强合作和共同治理，解决全球化和无国界性带来的问题与挑战，确保数字经济的稳定与可持续发展。

2.2.3 网络化和信息化

数字经济的网络化和信息化是指利用互联网和信息通信技术，将经济活动、商业交易和社会互动等各个方面数字化、网络化和信息化的过程。这种趋势对社会经济产生了深远的影响，并带来了许多机遇和挑战。

（1）网络化和信息化加速了信息的传播和交流。通过互联网和社交媒体等平台，人们可以实时获取和分享信息，促进了信息的广泛传播和共享。这为企业和消费者提供了更多的机会与渠道，使市场变得更加透明和高效。企业可以更容易地与消费者进行沟通和互动，了解市场需求和消费者反馈，从而更好地调整产品和服务。同时，消费者也可以更方便地获取产品信息、比较价格和做出购买决策。

（2）网络化和信息化改变了商业模式和运营方式。通过数字技术和互联网的应用，企业可以构建在线平台和电子商务系统，实现线上线下的融合与交互。电子商务、共享经济、在线支付和物流等新兴业态与商业模式涌现，改变了传统产业的运作方式。企业可以利用网络化的平台和渠道扩大市场覆盖范围，拓展业务领域，实现更高效和灵活的供应链管理。另外，网络化和信息化也催生了新的创业机会和就业形态，还促进了创新和创业的繁荣。

（3）网络化和信息化提升了生产与管理效率。数字技术的应用使生产过程更加智能化和自动化，提高了生产效率和产品质量。例如，物联网技术可以实现设备之间的互联和数据共享，实现智能制造和物流管理。大数据分析和人工智能等技术可以帮助企业从海量数据中获取有价值的洞察和趋势，为决策提供科学的依据。同时，企业可以利用云计算和虚拟化技术来实现资源的共享和灵活调配，从而降低成本和风险。

（4）网络化和信息化改变了人们的生活方式和消费习惯。通过互联网和移动设备，人们可以随时随地获取各种服务和娱乐内容，如在线购物、在线教育、在线娱乐等。数字技术的应用使生活更加便利和个性化。例如，人们可以通过在线平台选择和定制符合自己需求的产品和服务，提高消费体验和满意度。另外，网络化和信息化还促进了人们之间的连接和社交互动，拓宽了社交圈子和交流渠道。

（5）网络化和信息化推动了全球化与无国界性的发展。互联网的普及和全球通信网络的建设使得地理距离不再是信息和商业交流的限制因素。企业可以通过互联网拓展国际市场，开展跨境电子商务和跨国合作。消费者也可以通过网络购物和跨境电商平台购买来自世界各地的产品与服务。这促进了全球贸易的增长和经济的互联互通。

然而，网络化和信息化也带来了一些挑战与问题。

（1）信息安全和隐私保护的挑战。随着信息的网络化和数字化，网络安全威胁和个人隐私泄露的风险增加。企业和个人需要加强对信息安全的保护和隐私的管理，采取措施防范网络攻击和数据泄露。

（2）数字鸿沟的问题。虽然网络化和信息化为许多人带来了机遇，但在某些地区和人群中，数字鸿沟依然存在。例如，部分地区缺乏网络基础设施和数字技能，无法充分利用数字经济的机遇。解决数字鸿沟问题需要加大基础设施建设和数字素养教育的投入。

（3）数据治理和法律法规的挑战。网络化和信息化带来了大量的数据生成和流动，对数据的治理和管理提出了新的要求。企业和政府需要制定相关的数据保护法律法规和隐私政策，确保数据的合法、安全和可信使用。同时，国际之间的数据流动和跨境数据传输也需要建立合适的法律框架和合作机制。

总的来说，数字经济的网络化和信息化改变了经济和社会的方方面面。它加速了信息传播和交流，改变了商业模式和运营方式，提升了生产和管理效率，影响了人们的生活方式和消费习惯，推动了全球化和无国界性的发展。然而，它也面临着信息安全、数字鸿沟和数据治理等挑战。制定合理的政策并使用先进的技术手段可以使数字经济网络化和信息化持续发展。以下是应对挑战和推动发展的一些措施：

（1）建设健全的数字基础设施。加大对网络基础设施的投资和建设，提高网络覆盖范围和质量，确保人们能够稳定、高速地接入互联网。

（2）促进数字技能培训和教育。加强数字技能培训，提高人们的数字素养和技能水平，使其能够更好地适应数字经济的发展和应用。

（3）加强信息安全和隐私保护。制定和执行相关的信息安全法律法规，建立健全的网络安全保护机制，加强企业和个人对信息安全与隐私保护的意识及能力。

（4）促进数据共享和合作。建立跨部门、跨行业的数据共享和合作机制，促进数据流动和利用，推动数据驱动的创新和发展。

（5）制定适应性的法律法规。制定和修订与数字经济相关的法律法规，包括数据保护、电子商务、网络安全等方面的法律，为数字经济的发展提供法律保障和规范。

（6）加强国际合作和治理。加强国际之间的合作和对话，推动建立全球范围内的数字经济治理机制，制定共同的规则和标准，从而解决跨境数据流动、网络犯罪等跨国问题。

（7）鼓励创新和创业。为创新企业提供支持和便利，加大对科技研发和创新的投入，鼓励创业精神和创新思维，推动数字经济的发展。

（8）加强监管和监督。建立健全的监管体系，加强对数字经济各个领域的监督和管理，保护市场公平竞争，防范市场风险和不正当竞争行为。

综上所述，数字经济的网络化和信息化是一个全球性的趋势，它改变了经济和社会的方方面面。为了充分发挥数字经济的潜力，我们需要加强基础设施建设、推动数字技能培训、加强信息安全和隐私保护、促进数据共享和合作、制定适应性的法律法规、加强国际合作和治理、鼓励创新和创业，以及加强监管和监督。这些措施将有助于推动数字经济的健康发展，并促进全球化和无国界性目标的实现。

在推进数字经济网络化和信息化的过程中，各国政府、企业和社会各界需要加强合作与协调，共同应对挑战和推动发展。同时，还要注重平衡数字经济发展和社会公平、可持续发展的目标，确保数字经济的普惠性和可持续性。

随着技术的不断进步和创新的推动，数字经济的网络化和信息化将继续深化与扩大。由于其将为全球经济带来更多的机遇和挑战，各方需要共同努力，积极应对并引导数字经济的发展，以实现经济的繁荣和社会的进步。

2.2.4 创新和高效

数字经济的创新和高效是其核心特点之一，它们对经济增长、企业竞争力和社会发展产生了积极的影响。以下是对数字经济创新和高效的详细阐述：

（1）创新的商业模式。数字经济推动了新的商业模式的涌现。通过数字技术和互联网的应用，企业可以通过在线平台提供全新的产品和服务，实现商业流程的优化和改进。例如，共享经济模式通过在线平台连接供需双方，为其提供了更高效的资源利用和交易方式。这种创新的商业模式为企业创造了更多的机会。

（2）技术创新的推动。数字经济以技术创新为驱动力，不断推动新技术的发展和应用。例如，人工智能、大数据分析、物联网和区块链等技术在数字经济中得到广泛应用，为企业提供了更多的数据驱动的决策支持和创新工具。这些技术创新改变了传统产业的商业模式，提高了生产效率和产品质量，推动了企业的创新和发展。

（3）创新的产品和服务。数字经济催生了许多创新的产品和服务。通过数字技术和互联网，企业可以开发出更智能、更便捷、更个性化的产品和服务，以满足消费者不断变化的需求。例如，电子商务、在线支付、智能家居和在线教育等领域的产品与服务在数字经济中得到了广泛的应用，为客户带来了更高效和便利的消费体验。

（4）生产过程的高效性。数字经济改变了传统的生产过程，提升了生产效率。通过数字化和自动化技术，企业可以优化生产流程、降低成本、提高生产效率和产品质量。例如，数字化的供应链管理使供应商和客户能够实现实时的信息共享与协同，减少了物流时间和库存成本。这种高效的生产过程提高了企业的竞争力和市场反应速度。

（5）数据驱动的决策和创新。数字经济以数据为基础，实现了数据驱动的决策和创新。通过大数据分析和数据挖掘技术，企业可以从海量的数据中获取有价值的洞察和趋势，为决策提供科学的依据。数据驱动不仅可以提高决策的准确性和效率，还可以推动企业的创新和竞争力。

1）数据驱动的决策可以帮助企业更好地了解用户需求、市场趋势和竞争对手的动态。通过对数据的深度分析，企业能够获取关于消费者行为、偏好和反馈的洞察，从而制定更加精准的营销策略、产品开发计划和供应链管理方案。企业可以利用数据来预测市场需求的变化，及时调整产品和服务，抢占市场先机。另外，数据还可以帮助企业了解竞争对手的策略和表现，为企业制定竞争策略提供参考和依据。

2）数据驱动的决策促进了企业的创新能力。通过对数据的挖掘和分析，企业可以发现新的商机和创新点，提出新的产品、服务和商业模式。例如，通过对用户数据的分析，企业可以了解用户的行为和偏好，从而开发出更符合用户需求的创新产品。数据还可以帮助企业进行市场预测和趋势分析，为企业的战略规划和业务决策提供支持。通过数据驱动的创新，企业能够在竞争激烈的市场中脱颖而出，赢得更多的市场份额并提高用户忠诚度。

除决策和创新外，数据驱动还可以提高企业的运营效率。通过数据的监测和分析，企业可以实现生产过程的优化和资源的合理配置。例如，通过对生产数据的实时监测和分析，企业可以及时调整生产计划、优化生产线布局，提高生产效率和产品质量。数据还可以用于供应链管理的优化，实现物流的精细化控制和库存的有效管理，降低企业的成本并提高客户满意度。通过数据驱动的运营，企业能够实现资源的最优利用，提高生产效率和竞争力。

综上所述，数据驱动是数字经济的重要特点之一。通过充分利用和分析数据，企业可以实现决策的准确性和效率，推动创新和竞争力的提升，提高运营效率和用户满意度。数据驱动的决策和创新已经成为企业成功的关键要素，为数字经济的发展带来了巨大的机遇和挑战。

然而，数据驱动的决策和创新也面临以下挑战：

（1）数据的质量和隐私保护问题。企业需要确保数据的准确性、完整性和可靠性，以避免基于错误或不完整数据做出错误的决策。同时，企业还需要合规地处理并利用用户数据，遵守相关的法律法规和隐私政策，保护用户的个人信息安全。

（2）数据的处理和分析能力。随着数据规模的不断增大，企业需要具备强大的数据处理和分析能力，包括数据采集、存储、清洗、挖掘和建模等方面的技术与人才支持。同时，企业还需要不断提升数据分析能力，以更好地发现数据中隐藏的价值和洞察。

另外，数据驱动的决策和创新也需要企业建立良好的数据文化与组织机制。企业需要培养数据驱动的思维方式和能力，鼓励员工积极参与数据分析和决策过程，构建跨部门的协作和知识共享机制。同时，企业还需要建立清晰的数据治理和管理机制，从而确保数据的安全性、合规性和可持续性。

综上所述，数字经济的创新和高效性离不开数据驱动的决策与创新。通过充分利用数据的价值和洞察，企业可以实现决策的科学性和准确性，推动创新和竞争力的提升，提高运营效率和用户满意度。然而，企业在实践中也需要面对数据质量、隐私保护、数据处理能力和组织机制等方面的挑战。通过不断的学习和改进，企业可以更好地利用数据驱动的优势，实现在数字经济时代的可持续发展。

单元3　数字经济与传统经济的比较

数字经济与传统经济在经济模式、经济效益和发展动力等方面存在明显的差异。数字经济以数字技术和互联网为基础，注重信息和数据的流动与创新，具有更高的经济效益和发展潜力。传统经济侧重于物质资源的生产和传统商业模式，受限于有限资源和劳动力。数字经济通过技术创新和商业模式创新提高了生产效率与资源利用效率，也实现了产品和服务的个性化。数字经济的发展动力来源于技术创新和数字化基础设施，具有全球化和无国界性，拥有更强大的市场竞争力和国际参与能力。在数字化时代，了解和把握数字经济的特点和优势对于企业和经济发展至关重要。

数字经济与传统经济在经济模式、经济效益和发展动力等方面存在明显的差异。

（1）数字经济和传统经济的经济模式存在差异。传统经济主要依赖于物质资源的生产和交换，以工业生产和传统商业模式为基础；数字经济则以数字技术和互联网为支撑，注重信息和数据的流动、创新和共享。数字经济的兴起改变了传统经济的商业模式，推动了新的商业形态和商业模式的涌现，如共享经济、电子商务和在线服务等。

（2）数字经济相对于传统经济在经济效益方面具有明显的优势。数字经济通过技术创新和商业模式创新，提高了生产效率和资源利用效率。数字化的生产流程和供应链管理使生产过程更加精细化和高效化，从而降低了成本。同时，数字经济通过对数据的分析和应用，生产出了个性化的产品，也提供了个性化服务，提高了用户满意度。这些因素使数字经济具有了更高的经济效益和市场竞争力。

（3）数字经济与传统经济的发展动力存在差异。传统经济主要受到资源和劳动力等有限因素的制约，发展动力相对有限；数字经济则依托技术创新和数字化的基础设施，具有更为强大的发展动力。数字技术的不断进步和创新推动了数字经济的快速发展和演进。同时，数字经济的全球化和无国界性使得市场规模更加庞大，可以使企业更广泛地参与国际竞争，拓展全球市场。

综上所述，数字经济与传统经济在经济模式、经济效益和发展动力等方面存在明显差异。在数字化时代，了解和把握数字经济的特点与优势，对于企业和经济发展具有重要意义。

3.1 经济模式的差异

数字经济与传统经济在经济模式方面存在显著差异。数字经济依赖信息和数据的流动与应用，具有灵活性、创新性和全球化特征。传统经济更注重实体资源的生产和传统商业模式。数字经济的商业模式更个性化，市场交互无国界，创新能力较强。传统经济的创新速度较慢，依赖传统研发和生产流程。

数字经济与传统经济在经济模式方面存在显著差异，这些差异涉及资源配置、商业模式、市场交互和创新等方面。

（1）数字经济的经济模式更加依赖于信息和数据的流动与应用。数字经济以数字技术和互联网为基础，通过数据的收集、处理、分析和应用，推动经济活动的优化和创新。相比之下，传统经济更侧重于实体资源的生产与交换，通过传统的供应链和商业模式进行市场交互。通过运用数字化技术，数字经济实现了信息的高速传输和实时交互，使市场参与者能够更加敏捷地响应市场需求。

（2）数字经济的商业模式具有更高的灵活性和创新性。数字技术的快速发展为企业提供了更多的商业模式选择和创新机会。共享经济、平台经济和数据驱动的创新模式等在数字经济中兴起，打破了传统经济中固有的商业边界和经济关系。数字经济的商业模式更加注重个性化定制和用户体验感，通过精准的数据分析和个性化推荐，为用户提供定制化的产品和服务。

（3）数字经济的市场交互更加全球化和无国界。数字技术的广泛应用打破了地域限制，促使市场参与者可以跨越地域边界进行商业合作和交易。数字经济的全球化特征使市场规模更大，企业能够获得更广阔的市场机遇和潜在客户。同时，数字经济的无国界性使企业能够跨越国家边界进行资源整合与产业协同，从而使供应链管理更高效，也拓展了全球业务。

（4）数字经济的创新能力较强。数字经济依赖于技术创新和数字化基础设施的支持，能够迅速响应市场需求并推出创新产品和服务。通过人工智能、大数据分析、物联网等技术的应用，数字经济实现了生产过程的智能化和自动化，提高了生产效率和创新能力。传统经济的创新相对较为缓慢，受限于传统生产方式和商业模式。

总之，数字经济与传统经济在经济模式方面相比，创新速度较快。传统经济中的创新更依赖传统的研发和生产流程，其实施和推广周期相对较长。

综上所述，数字经济与传统经济在经济模式上存在明显的差异。数字经济的经济模式以信息和数据的流动与创新为核心，注重创新性、灵活性、个性化和定制化。相比之下，传统经济更侧重于物质资源的生产和交换，商业模式相对稳定，创新速度较慢。随着数字技术的不断进步和数字化转型的推进，数字经济的经济模式将继续演化和创新，为经济发展带来了新的机遇和挑战。

3.2 经济效益的差异

数字经济与传统经济之间存在着显著的经济效益差异。数字经济以其高度数字化和技术驱动的特点带来了许多独特的经济效益，而传统经济则在某些方面具有其自身的优势。

（1）数字经济在成本效益方面具有明显优势。通过数字技术的应用，数字经济能够实现生产、交易和运营的自动化与智能化。这种高度的自动化和智能化能够大大降低企业的生产成本与运营成本。例如，云计算技术的发展使企业能够将数据和应用程序存储在云端，不再需要昂贵的硬件设备和维护成本。另外，数字经济还能够通过供应链的数字化管理和物流环节的优化，提高物流效率，降低运输和仓储成本。

（2）数字经济在市场扩展和销售渠道方面具有较大的优势。传统经济的销售渠道主要依赖于实体店铺和传统的销售模式。而数字经济通过电子商务平台、在线市场和移动应用等渠道，能够快速、灵活地触达全球市场。以电商巨头亚马逊为例，其数字化的销售平台和全球物流网络能够将商品迅速送达全球各地，实现了更广泛的市场覆盖，也增加了销售机会。

（3）数字经济在创新和个性化方面也带来了明显的经济效益。数字技术的发展和大数据的应用为企业提供了丰富的市场信息与消费者行为数据。对这些数据的分析和挖掘之后，企业能够更好地了解市场需求和消费者偏好，从而开发出更具创新性和个性化的产品与服务。例如，基于用户偏好的推荐算法能够帮助企业向消费者提供个性化的产品推荐，提高销售转化率和客户满意度。

（4）传统经济也有其独特的经济效益。传统经济在某些行业领域，如基础设施建设和重工业制造方面，具有较高的投资回报率和长期经济效益。另外，传统经济在某些地区和发展阶段，由于基础设施和技术条件的限制，数字经济可能无法完全替代传统经济。例如，在某些农业和手工业领域，传统经济仍然具有重要的地位，因为这些行业的特点和本质决定了数字化与自动化的应用受到限制。另外，一些用户可能更倾向于传统经济所提供的人际互动和面对面交流的体验，而这在数字经济中无法实现。

综上所述，数字经济与传统经济在经济效益方面存在着明显的差异。数字经济通过成本效益、市场扩展和销售渠道、创新和个性化等方面的优势，为企业带来了更多的经济收益和增长机会。然而，传统经济在特定行业和地区仍然具有其优势与合适的应用场景。因此，企业需要根据自身的特点和市场需求，灵活运用数字经济和传统经济的优势，以实现经济效益最大化。

3.3 发展动力的差异

数字经济与传统经济在发展动力方面存在着显著差异。数字经济的发展动力主要源自持续的技术创新和数字化转型，通过引入新兴技术和商业模式的不断推进来促使数字经济快速增长。全球化市场的开放和无国界性也为数字经济提供了广阔的发展机会。另外，数字经济注重创新和创业活力，鼓励创业者利用数字技术和在线渠道开展创新实践，从而推动经济的发展。数字经济还对高技能人才有着更大的需求，吸引和培养专业人才是数字经济持续发展的重要动力。相比之下，传统经济的发展更加注重资源利用、劳动力发展和政府支持。传统经济通过提高生产效率、降低成本和改进传统产业的生产方式来推动经济增长。尽管传统经济也有技术创新的要求，但其规模和影响相对较小，更多依赖工艺改进和经验积累。传统经济的发展主要依赖本地市场的需求和对资源的程度利用，对本土劳动力的技能提升起重要作用。下面进一步详细阐述数字经济与传统经济的发展动力差异。

1. 技术创新和数字化转型

数字经济的发展动力来自持续的技术创新和数字化转型。新兴技术如人工智能、物联网和云计算等为数字经济提供了强大的推动力。这些技术的快速发展和广泛应用催生了新的商业模式并产生了创新产品，进一步推动了数字经济的增长和繁荣。

传统经济的发展主要依靠传统产业的提升和技术改进。传统经济的发展，关键是提高生产效率、降低成本和改进生产方式。虽然其中也有技术创新，但应用范围和影响相对较小，更多依赖工艺改进和经验积累。

2. 全球化和市场拓展

数字经济的发展动力受益于全球化市场的开放和无国界性。互联网的普及和数字技术的发展使企业能够迅速进入全球市场，扩大业务范围和触达更广泛的客户群体。数字经济通过电子商务、跨境交易和在线服务等方式，打破了地域限制，为企业带来了更多的市场机会。

传统经济的发展动力更倾向于本地市场的需求和资源利用。传统经济的发展更依赖地域性产业和本土市场，满足本地需求是主要驱动力。尽管也有国际贸易和市场拓展，但其规模和影响力相对有限。

3. 创新和创业活力

数字经济的发展动力在于创新和创业活力。数字技术的快速发展为创业者提供了更低的进入门槛和更广阔的市场机会。通过数字平台、社交媒体和在线渠道，创业者可以创造全新的商业模式、开发创新产品，并迅速扩展其影响力和市场份额。

传统经济的发展动力主要源于行业内的技术改进和经验传承。在传统经济中，创新和创业的活力相对较低，更注重于提高现有产品的质量和服务水平。企业通过改进工艺流程、引入新的生产设备和培训员工来提高生产效率与产品质量，从而保持竞争力。

4. 人力资源和人才引进

数字经济的发展动力在于人力资源和高技能人才的引进。随着数字经济的迅速发展，对于具备数字技术和数据分析能力的人才需求不断增加。因此，企业需要吸引和培养专业人才，以应对数字化转型和创新的挑战。

传统经济的发展动力主要在于人力资源的数量和劳动力的技能提升。传统经济更依赖于大规模的劳动力和经验丰富的从业人员。传统经济通过培训和提升技能来提高劳动力的生产力和竞争力。

综上所述，数字经济与传统经济在发展动力方面存在明显差异。数字经济通过技术创新、全球化市场和创新创业活力驱动其快速发展；而传统经济侧重于传统产业的提升、本地市场需求和劳动力技能的发展。理解它们的差异有助于人们更好地把握数字经济和传统经济的发展趋势，并为未来的经济发展做出有效的战略决策。

思考与实训

结合日常生活中的各种现象，讨论数字经济应用给人们的生活带来的改变，然后运用数字经济的相关理论加以解释。

模块2 数字技术与数字经济

MODULE 2

名人名言

多元化是经济落后的一种产物，而专业化是现代化的一个特征。

——曹德旺

学习目标

知识目标：

通过学习本模块，掌握数字经济发展各类生产要素的特点，了解数字的重组式创新、数据价值链、数字经济技术形式。

技能目标：

学会从数字经济学的角度发现数字技术的应用对世界的改变和带来的影响。

素养目标：

了解人类智慧与资源，激发创造活力，具备良好的经济素养和逻辑分析能力。

模块导入

用科技创新助力产业转型，打造数字经济“制高点”

国务院2021年12月发布的《“十四五”数字经济发展规划》中提出“补齐关键技术短板，集中突破高端芯片、操作系统、工业软件、核心算法与框架等领域关键核心技术”。这些核心技术既是数字经济发展的“制高点”，也是科技企业发展面临的新机遇。一批专注于核心高科技技术研发的企业正在探索和实践基于技术创新的发展路径，抢占“制高点”，从而推动数字经济快速发展。

百度：AI推动产业智能化，实现默特经济快速增长，数字技术与传统产业的融合，将产生新的效率。百度智能云的发展，无论是从规模还是起步的时间看，在单纯的云计算服务 IaaS 上并不占优势。但百度凭借自身在深度学习框架和高端 AI 芯片的积累，侧重 PaaS 和 SaaS，为企业提供了基于人工智能算法和算力的“云智一体”服务。百度智能云被称为“最适合跑 AI 的云”，可以消除企业在数字化转折中面临的算力负担，百度智能云在业界事先打造出 AI 原生云服务架构。在应用开发层面，提供面向 AI 应用场景的系列低门槛开发平台，把 AI 应用架构做得更加简洁和敏捷。百度的“云智一体”，就是以云为基础做数字化转型，以 AI 为引擎进行智能化升级的。

在贵阳，依据当地的产业基础和行业特点，结合百度的 AI 能力和资源，建设了一个区域级的工业互联网平台，平台上的企业平均生产效率提升了 5%，协同能力提高了 10%。在福建泉州，百度智能云参与打造的“水务大脑”智能化升级城市水务流程，使水务运行更高效。新疆电网在接入百度智能云的云智一体的技术和产品后，实现了电力设备的智能化运行，保障了线路传输及巡检人员的安全，实现了智能巡检、智能化管控。

京东：秉承数字经济理念，建设坚实的数字化社会供应链基础设施，从创业第一天起，京东就立志为中国的高质量发展做贡献，并保持自己的商业价值观，为时代进步做最苦、最累，但最有价值的事情。

数字经济的一个重要组成就是数字市场和数字供应链，京东从诞生之日起，就是瞄准这一领域的高科技企业。

自成立以来，京东倾注资源大力进行基础设施建设，推动科技创新与线下零售、产业带等实体经济深度融合，以“实”助实，提升社会效率，依靠科技创新重塑实体经济供应链，赋能实体经济的空化转型发展。时至今日，京东不仅拥有最先进的庞大物流体，还拥有上万家门店，并为鞋服、居家、美妆、运动等数十个产企业链的数字化转型提供了服务。

在推动电商平台建设的过程中，京东意识到数字经济需要全新的数字基础设施，尤其是物流基础设施。所以，京东不断布局数智化供应链基础设施。努力为实体企业打造数智化供应链，提升实体企业竞争力。目前，京东拥有超过千万 SKU（库存单位）的自营商品，拥有数以万计的线下门店；京东的供应链还连接着百万级的社区超市、菜店、药店、汽修店、鲜花店……回顾从前，京东 2007 年成为资本市场青睐的对象，但是京东并没有随波逐流，抢夺互联网流量，而是沉下心来自建物流，打造当时并不被外界看好的数智化供应链基础设施。2020 年，京东首次对外阐释了面向未来十年的新一代基础设施——京东数智化社会供应链，用数字技术连接和优化社会生产、流通、服务各个环节。

京东通过开放自身的数字化供应链、数字化运营和整合营销能力，大幅带动商家（特别是线下门店）数量的增长，同时也能为汽车、能源、机械、家电等众多实体产业数字化转型升级做消费驱动，供应链支撑的“数字大脑”，从而形成了产业数字闭环。

单元1 云计算

云计算（图2-1）是一种基于互联网的计算模型，通过网络提供计算资源和服务。它具有以下主要特点：

（1）弹性伸缩性。云计算允许用户根据需求快速调整计算资源的规模，实现按需分配和使用，避免资源的闲置和浪费。

（2）自助服务性。用户可以通过自助方式获取和管理云计算资源，不需要人工介入，提高了使用的便捷性和效率。

（3）共享资源性。云计算通过虚拟化技术将物理资源划分为多个虚拟资源，实现多用户共享同一物理资源的方式，提高资源利用率。

（4）高可靠性。云计算采用分布式架构和冗余机制，提供高可用性和容错性，保证用户数据和服务的可靠性与稳定性。

（5）服务模型多样性。云计算可以提供不同的服务模型，来满足用户的不同需求和应用场景。

（6）部署模型灵活性。云计算可以采用公有云、私有云或混合云的部署模型，根据组织的需求选择最适合的部署方式。

图2-1 云计算

综上所述，云计算是一种灵活、弹性和共享的计算模型，通过网络提供计算资源和服务，为用户提供便捷的自助服务。它改变了传统的计算方式，为个人用户和组织提供了更高效、更可靠和可以扩展的计算能力。

知识拓展：SaaS 是什么？

视频：SaaS 是什么？

1.1 云计算的概念和技术架构

云计算整体架构（图 2-2）是指通过互联网提供按需计算资源的概念和技术架构。它涉及虚拟化的计算基础设施、存储和软件服务，使用户能够进行远程访问并利用这些资源。

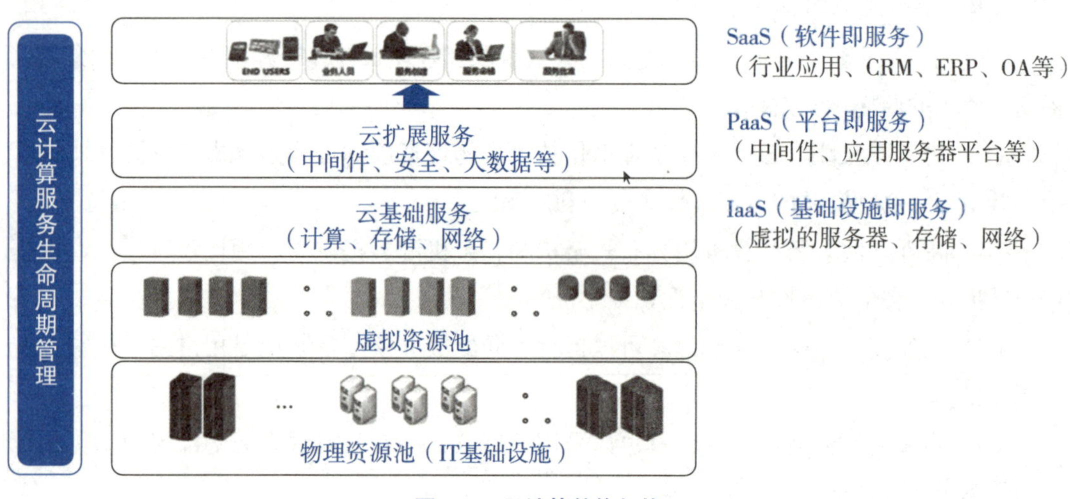

图 2-2 云计算整体架构

1. 云计算的概念

云计算的概念是将传统的计算过程从本地服务器或个人设备转移到一个被称为云的远程服务器网络。这种范式转变带来了许多好处，包括可伸缩性、灵活性、成本效益及方便访问计算资源。

2. 技术架构

从技术架构上看，云计算通常包括三种基本的服务模型，即基础设施即服务（IaaS）、平台即服务（PaaS）和软件即服务（SaaS）。

（1）基础设施即服务：IaaS 提供虚拟化的计算资源，包括虚拟机、存储和网络功能，供用户使用。它允许组织根据特定需求快速配置和扩展基础设施，无须拥有或维护物理硬件。

（2）平台即服务：PaaS 在云中提供完整的开发和部署环境，使用户能够在无须管理底层基础设施的复杂性的情况下构建、测试和部署应用程序。它为开发人员提供了包括操作系统、编程语言和开发工具在内的平台，促进了应用程序的高效开发和部署。

（3）软件即服务：SaaS 通过互联网提供软件应用程序，用户无须在自己的设备上安装和管理软件即可访问与使用这些应用程序。用户可以通过 Web 浏览器或专用客户端应用程序访问和利用这些应用程序。SaaS 的优势在于易访问、自动软件更新和集中化管理。

为支持这些服务模型，云计算依赖于强大而可扩展的基础设施，包括数据中心、服务器、网络设备和存储系统。这些资源在高度虚拟化的环境中组织和管理，以实现资源的高效分配和利用。另外，云计算采用各种技术和协议来确保安全可靠的数据传输、身份验证和授权。这包括加密技术、虚拟私有网络（VPN）和身份管理系统。

总之，云计算涵盖了通过互联网提供按需计算资源的概念，由强大的基础设施支持，包括数据中心和虚拟化技术。通过云计算，用户可以灵活地访问和利用计算资源，不用投入大量资金购买和维护物理设备。

云计算的概念和技术架构对于现代商业与个人用户来说具有重要的意义。它提供了高度可扩展的解决方案，使组织能够根据需求快速调整和扩展计算资源。同时，其提供了更加灵活和经济高效的方式来构建、测试和部署应用程序，为开发人员提供了创新和快速上市的机会。其网络化和信息化特性使用户可以通过互联网随时随地访问和利用云服务。无论是企业的全球分支机构，还是个人用户的移动设备，都可以享受云计算带来的便利和效益。

然而，云计算也面临着一些挑战和考虑因素，如安全性和隐私保护。由于数据存储和处理在云环境中进行，必须采取适当的安全措施来保护数据免受未经授权的访问和恶意攻击。同时，对于涉及敏感数据的组织和个人来说，确保数据的隐私和合规性也是需要考虑的重要问题。

综上所述，云计算的网络化和信息化特性为用户提供了灵活、可扩展和经济高效的计算资源访问方式。通过云计算，用户可以用更加便捷和智能的方式进行业务与个人活动，推动数字经济的发展和全球化趋势。

1.2 云计算在数字经济中的应用案例

亚马逊公司（Amazon）对云计算的应用是一个在数字经济中广泛应用云计算的典型案例。亚马逊通过其云计算服务（Amazon Web Services，AWS）成功地扩展了自身的业务，包括以下几项：

（1）亚马逊利用云计算的基础设施即服务（IaaS）模型，通过 AWS 提供的弹性计算实例和存储服务来支持其电子商务平台。无论是处理海量的在线订单，还是管理庞大的产品数据库，亚马逊都可以根据需求快速扩展或缩减计算资源，以应对高峰期的访问量或促销活动的需求。云计算帮助亚马逊实现了高可用性和弹性，确保了其电子商务平台的稳定运行。

（2）亚马逊利用云计算的 PaaS 模型在 AWS 上开发和部署应用程序。通过 AWS 提供的开发工具和服务，亚马逊可以快速构建、测试和部署新的功能与服务，以满足不断变化的市场需求。亚马逊的电子书阅读器 Kindle 和音视频流媒体服务 Prime Video 等产品都是通过云计算支持的，使用户可以随时随地访问和享受这些服务。

（3）亚马逊利用云计算的 SaaS 模型为用户提供各种增值服务，如图 2-3 所示。例如，亚马逊提供了 AWS 云存储服务 S3，使用户能够方便地存储和访问他们的数据。另外，亚马逊还提供了 AWS 云数据库服务 RDS，用于管理和托管数据库，使用户可以轻松地运行和维护他们的应用程序。这些 SaaS 服务帮助亚马逊用户降低了 IT 基础设施的成本和管理负担。

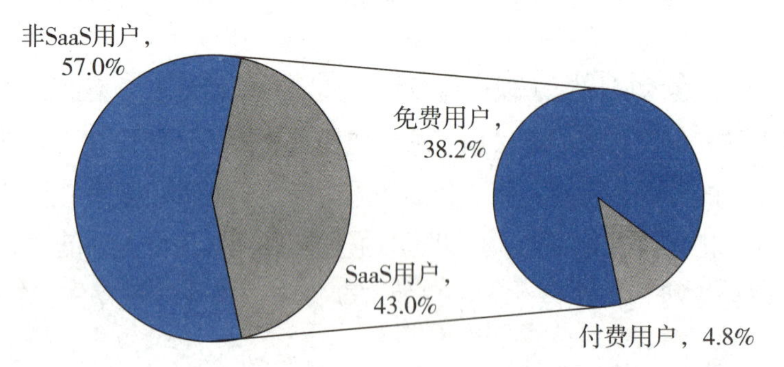

图 2-3　SaaS 2021 年云服务用户占比（数据来源：海比研究院）

（4）亚马逊的云计算服务（图 2-4）AWS 还广泛应用于数据分析和人工智能领域。AWS 提供了强大的分布式计算和大数据处理工具，如 Elastic MapReduce 和 Athena，使亚马逊能够高效地处理和分析海量数据，以从中获取有价值的洞察。另外，亚马逊还利用 AWS 的机器学习服务（如 Amazon SageMaker）来开发和部署机器学习模型，并将其用于个性化推荐、欺诈检测等应用。

（5）亚马逊的云计算服务 AWS 提供了可靠、安全、高性能的基础设施和工具，使亚马逊能够在数字经济中扩展其业务并提供创新的解决方案。

（6）亚马逊的云计算服务为各种企业提供了强大的基础设施和平台，以支持其数字经济中的业务增长和创新。许多初创公司利用 AWS 的弹性计算和存储服务，以较低的成本启动和扩展业务。AWS 的服务模式使创业公司不用大量投资购买服务器和基础设施，而是根据实际需求使用云资源。

（7）亚马逊利用云计算和大数据分析来优化其物流与供应链网络。通过云计算，亚马逊可以实时监控和管理库存、订单和物流运输，以提供快速而可靠的交付服务。另外，亚马逊还利用大数据分析来预测需求、优化货物配送路线和仓储布局，以提高效率并减少成本。

（8）亚马逊通过云计算在数字经济中推动了物联网（IoT）的发展。亚马逊开发了 AWS IoT 平台，用于连接和管理大规模的物联网设备。借助云计算和物联网技术，亚马逊能够收集和分析来自各种设备的数据，实现智能家居、智能城市和工业自动化等领域的创新应用。

（9）亚马逊的云计算服务为数字经济中的安全和合规性提供了解决方案。AWS 为用户提供了一系列的安全性和合规性服务，包括身份和访问管理、数据加密、网络防火墙等，以帮助用户保护其数据和应用程序的安全。这对于数字经济中的敏感数据和隐私保护至关重要。

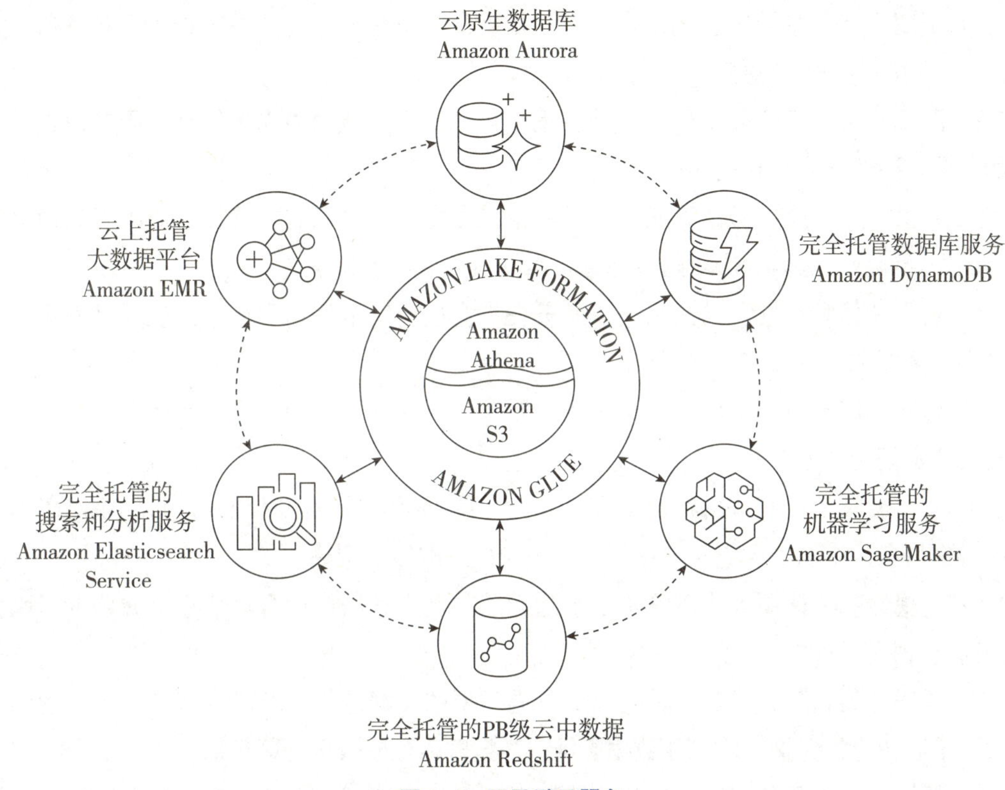

图 2-4　亚马逊云服务

综上所述，亚马逊作为一家在数字经济中成功应用云计算的公司，利用 AWS 的各种服务和解决方案扩展了其业务。无论是电子商务、物流供应链管理、物联网，还是安全合规性，亚马逊均通过云计算为数字经济的发展和创新提供了强有力的支持。

1.3　云计算的安全和隐私问题及应对策略

云计算的安全和隐私问题是许多组织在采用云计算时必须面对的重要考虑因素。以下是云计算中常见的安全和隐私问题及应对策略。

（1）数据安全。在云计算环境中存储和处理的数据可能面临数据泄露、数据丢失或未经授权的访问风险。为应对这些问题，组织应采取以下策略：

1）强化数据加密。对敏感数据进行加密，确保即使数据被盗或泄露，也无法解密和访问数据内容。

2）访问控制和身份验证。实施严格的访问控制策略，仅允许授权用户访问和处理数据。使用多因素身份验证等机制提高身份验证的安全性。

（2）虚拟化安全。其是指在云计算环境中使用虚拟化技术来实现资源的共享和分配。虚拟化技术本身可能存在漏洞和安全风险，导致虚拟机的隔离性受到威胁。为应对这些问题，组织应采取以下策略：

1）定期更新和维护虚拟化平台。其是指确保虚拟化平台和相关软件处于最新版本，并及时应用补丁和安全更新。

2）网络隔离和安全策略。其是指在虚拟化环境中实施网络隔离策略，限制虚拟机之间的通信，防止未经授权的访问。

（3）第三方安全。云计算服务通常由第三方提供，组织需要确保云服务提供商具备足够的安全保障措施。为应对这些问题，组织应采取以下策略：

1）安全评估和审计。其是指对云服务提供商进行安全评估和审计，确保其满足安全标准和合规要求。

2）合同和服务级别协议。其是指与云服务提供商建立明确的合同和服务级别协议，明确安全责任和义务。

（4）数据隐私。其是指将数据存储在云环境中可能涉及隐私问题，特别是对于涉及个人身份信息的组织。为应对这些问题，组织应采取以下策略：

1）合规性和法律要求。其是指了解适用的数据隐私法律和合规要求，并确保云服务提供商符合相关标准。

2）数据分类和隐私保护。其是指对不同类型的数据进行分类，根据其敏感程度和隐私级别采取相应的保护措施，如数据脱敏、数据匿名化或数据分区等。

3）数据所有权和控制。其是指明确数据所有权和控制的责任，确保在合同中明确规定了数据的使用目的和权限，并制定数据访问和共享策略。

（5）监控和审计。其是指组织需要对云计算环境进行持续的监控和审计，以便及时发现和应对安全漏洞与异常活动。为应对这些问题，组织应采取以下策略：

1）安全事件和日志管理。其是指建立安全事件和日志管理系统，收集、分析和监控云环境中的安全事件与日志数据，及时发现潜在的安全威胁。

2）安全审计和合规性检查。其是指定期进行安全审计和合规性检查，确保云计算环境符合安全标准和合规要求。

总之，云计算在数字经济中的应用离不开对安全和隐私问题的关注。组织可以通过数据安全、虚拟化安全、第三方安全、数据隐私、监控和审计等策略来应对这些问题。另外，与云服务提供商建立良好的合作关系，并明确各方的责任和义务，也是确保云计算安全的关键因素。

1.4 云计算的国际标准和规范化发展

云计算的国际标准和规范化发展是为了确保云计算服务的互操作性、可信度和安全性，并促进云计算技术的全球化应用。

1. 云计算的国际标准

（1）国际标准化组织（ISO）。ISO 制定了与云计算相关的多个标准，其中最重要的是 ISO/IEC 17788 和 ISO/IEC 17789。ISO/IEC 17788 定义了云计算的概念和术语；而 ISO/IEC 17789 则提供了云计算服务的参考架构和功能。

（2）美国国家标准与技术研究院（NIST）。NIST 在云计算领域做出了重要贡献，包括 NIST 云计算定义、云计算参考架构和云计算安全指南。这些指南被广泛采用，并对其他国际标准和规范的制定起到了指导作用。

（3）云安全联盟（CSA）。CSA 是一个国际性的非营利组织，致力于推动云计算的安全性与合规性。CSA 发布了一系列与云安全相关的指南和最佳实践，如《云计算安全控制指南》和《云计算隐私保护指南》。另外，CSA 还推出了云安全认证计划（CSA STAR），帮助用户评估和选择安全的云服务提供商。

（4）欧洲电信标准化协会（ETSI）。ETSI 负责制定通信和信息技术方面的标准，其云计算标准化工作主要包括云服务、云平台和云安全等方面。ETSI 发布的标准对于推动欧洲云计算市场的发展具有重要的意义。

（5）国际电信联盟（ITU）。ITU 是联合国下属的国际组织，负责制定与信息和通信技术相关的国际标准。ITU 在云计算领域进行了一些标准化工作，如云计算的能源效率和环境影响等方面。

这些国际标准和规范化组织通过制定共同的标准与指南，促进了云计算技术的全球化应用和互操作性。这些标准涵盖了云计算的概念、架构、安全性、隐私保护、合规性和云服务质量等方面。

2. 云计算的规范化发展

云计算的规范化发展是为了推动云计算技术的广泛应用和发展，并确保云计算服务的质量、安全性和可靠性。以下是云计算规范化发展的一些方面：

（1）服务模型和部署模型。云计算领域制定了一些常用的服务模型和部署模型，以及公有云、私有云、混合云等不同的部署模型。这些模型提供了统一的术语和定义，可以帮助用户和提供商更好地理解与选择合适的云计算方案。

（2）安全和隐私标准。云计算的安全和隐私问题是广泛关注的重要议题。为了解决这些问题，相关标准和规范化组织制定了一系列安全和隐私标准，如《信息安全管理》

（ISO/IEC 27001）、CSA 的《云计算安全控制指南》和《云计算隐私保护指南》等。这些标准提供了实施安全控制和保护隐私的指导与参考。

（3）数据流程和可移植性。规范化发展也关注云计算中数据流程和可移植性的问题。例如，OpenFlow 是一种网络协议，可用于在云计算环境中定义和管理网络流量。另外，为容器技术（如 Docker）和容器编排工具（如 Kubernetes）的发展也提供了更好的应用程序可移植性和跨云平台的能力。

（4）性能和可靠性指标。为了评估和比较云计算服务的性能与可靠性，制定了一些相关的规范和指标。例如，云计算性能评估工作组（SPEC Cloud）发布了一系列性能基准测试，用于衡量云计算环境下的处理能力和资源利用率。这些指标帮助用户选择高性能和可靠的云计算服务。

（5）合规性和法规要求。随着云计算涉及的数据和应用程序变得越来越重要，其对于合规性和法规要求也变得更加关键。各个行业与地区制定了一些相关的法规与规定，如欧洲的一般数据保护条例（GDPR）和医疗保险业务的 HIPAA 法规。云计算规范化发展致力于确保云计算服务符合这些法规与规则的要求。

这些规范和标准的制定有助于推动云计算的规范化发展，提高云计算服务的质量和可信度，并促进云计算的广泛应用。通过制定统一的术语、定义和指导原则，规范化发展有助于降低用户和服务提供商之间的沟通与认知障碍，促进企业在云计算市场中的竞争和创新。

另外，云计算的规范化发展为云计算服务的评估和认证提供了依据。通过遵循相关的规范和标准，云服务提供商可以进行安全性和合规性的自我评估，并接受第三方认证机构的审核，证明其服务的可信度和符合性。

云计算的规范化发展促进了云计算技术的互操作性和可移植性。通过采用统一的接口和标准，不同的云计算平台可以更加容易地进行集成和交互，使用户可以更灵活地在不同的云环境之间迁移，以及部署应用程序与服务。

总而言之，云计算的规范化发展对于提升云计算服务的质量、安全性和可靠性具有重要的意义。它为用户提供了更清晰的选择标准，也云服务提供商提供了参考和指导，还推动了云计算技术的全球化应用和发展。

单元 2　大数据

大数据是指通过收集、存储和分析大规模数据集所获得的信息资源；而数字经济是利用数字技术和互联网来推动经济活动与创造价值的经济形态，其架构如图 2-5 所示。

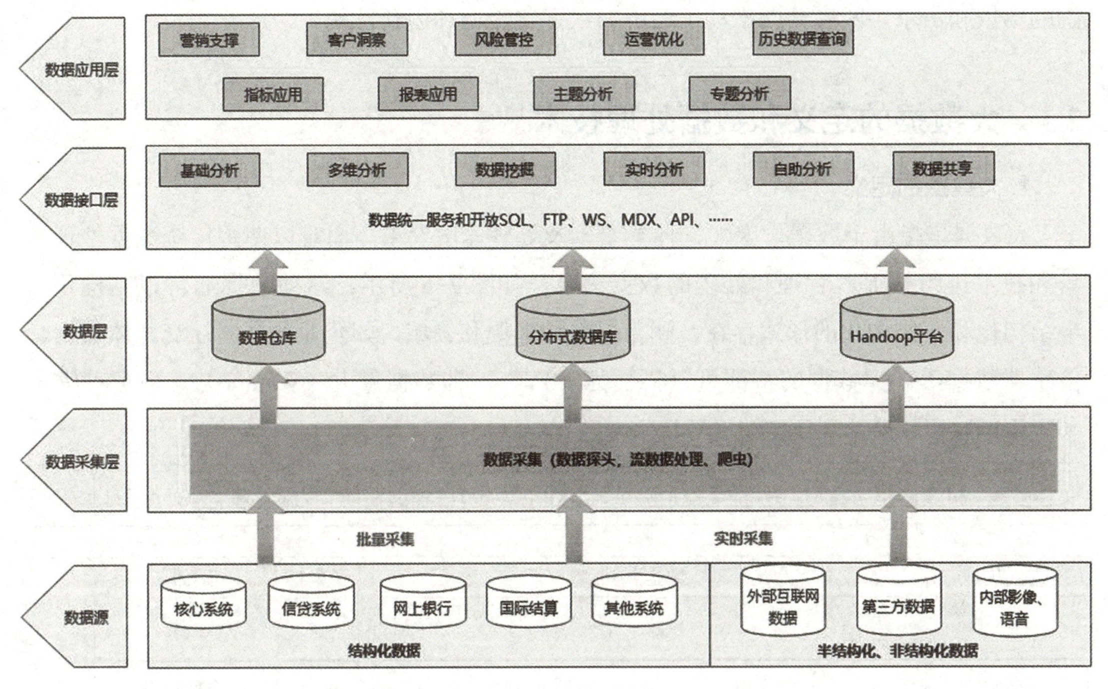

图 2-5　大数据架构

大数据在数字经济中起到一些重要的作用：

（1）大数据为数字经济提供了丰富的信息资源。通过收集和分析大规模的数据，企业和组织可以了解市场趋势、客户行为、产品需求等，从而做出更准确的决策和制定更有效的策略。

（2）大数据为数字经济的创新和发展提供了支持。通过对大数据的挖掘和分析，企业和组织可以发现新的商机、创造新的产品与服务，并通过个性化定制、精准营销等方式满足客户的需求，推动经济的增长和创新。

（3）大数据为数字经济提供了更高效的运营和管理手段。通过对大规模数据的处理和分析，企业和组织可以实现数据驱动的决策与运营，优化资源配置、提高生产效率，并提供更好的客户体验和服务质量。

同时，数字经济也对大数据提出了更高的要求。数字经济的快速发展和广泛应用产生了大量的数据，这就需要有效的数据管理和分析能力。企业和组织需要具备数据采集、存储、处理和分析的能力，以从数据中提取有价值的信息，并将其转化为商业价值。

综上所述，大数据和数字经济相互依存、相互促进。大数据为数字经济提供了丰富的信息资源和创新驱动力，而数字经济的快速发展又为大数据的收集、处理和应用提供了广阔的场景和需求，两者共同推动了经济的数字化转型和创新发展。

2.1 大数据的定义和数据处理技术

1. 大数据的定义

大数据是指由于数据量庞大、种类繁多及处理速度要求高而难以使用传统数据处理工具和技术进行捕捉、管理和处理的数据集合，如图 2-6 所示。这些数据通常以结构化、半结构化和非结构化的形式存在，涵盖了各种来源和领域，如企业数据、社交媒体数据、传感器数据等。大数据的特征可以概括为“3V”，即数据量大（Volume）、数据种类多（Variety）和数据处理速度快（Velocity）。

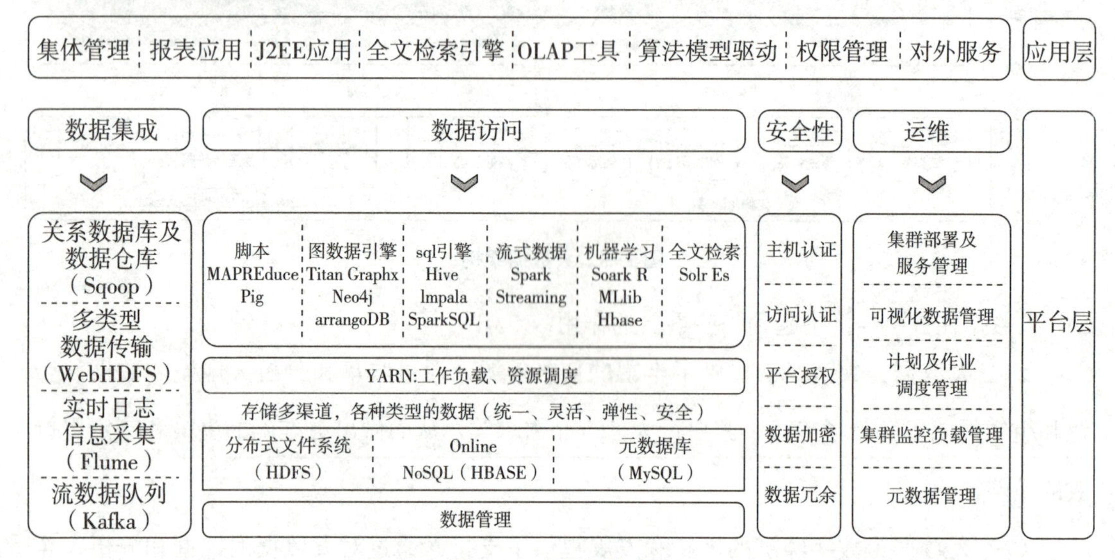

图 2-6 大数据的定义

2. 数据处理技术

数据处理技术是指用于获取、存储、管理和分析大数据的一系列工具、方法和算法。以下是一些常见的数据处理技术：

（1）数据采集和存储。大数据处理的第一步是采集和存储数据，包括使用传感器、日志文件、数据库等来捕获数据，并使用分布式存储系统（如 Hadoop Distributed File System）进行高效的数据存储。

（2）数据清洗和预处理。由于大数据通常包含噪声、缺失值和不一致的数据，数据清洗和预处理是必要的步骤。这涉及去除重复值、处理缺失数据、解决数据不一致性等问题，其可以确保数据质量和一致性。

（3）数据管理和组织。在处理大数据时，有效的数据管理和组织对于快速访问与检索数据至关重要。这包括使用数据库管理系统（如 NoSQL 数据库）和数据仓库技术来组织与存储数据，以便进行后续的查询和分析操作。

（4）数据分析和挖掘。数据分析和挖掘技术用来发现数据中的模式、趋势与关联性，以提取有价值的信息和洞察。其包括使用统计分析、机器学习、数据挖掘和人工智能等方法来进行数据分析与模式识别。

（5）可视化和报告。将大数据转化为易于理解和可视化的形式对于决策与沟通至关重要。可视化和报告技术包括使用图表、图形和仪表盘等工具来呈现数据结果，并帮助用户更好地理解和利用数据。

（6）实时数据处理。随着数据产生速度的增加，实时数据处理变得越来越重要。实时数据处理技术允许在数据生成的同时进行即时的数据处理和分析，以满足对实时决策和反应的需求。

（7）分布式计算。大数据处理通常需要分布式计算框架来处理大规模的数据集。例如，Hadoop 和 Spark 是常用的分布式计算框架，它们能够将数据分布在多个计算节点上进行处理，以加快数据处理的速度和效率。

（8）云计算。云计算提供了强大的计算和存储资源，可以用于大数据处理。通过云计算平台，用户可以根据需求弹性地扩展计算资源，以满足大数据处理的要求。云计算提供的虚拟化技术和分布式存储系统使大数据的处理变得更加灵活与高效。

（9）流式数据处理。随着物联网和传感器技术的发展，产生的数据越来越多，并且以流式数据的形式实时生成。流式数据处理技术允许对数据流进行实时处理和分析，以提取有价值的信息和洞察。

（10）数据隐私和安全。在大数据处理中，数据隐私和安全是至关重要的考虑因素。这包括数据加密、访问控制、身份验证和数据脱敏等技术，以确保数据的机密性和完整性，并遵守相关的隐私法规和政策。

（11）数据治理。数据治理涉及制定策略和规范来管理与保护数据资产。在大数据处理中，数据治理确保数据的正确性、一致性和可靠性，并确保数据符合内部和外部的法规与合规要求。

（12）自动化和智能化。随着人工智能和自动化技术的进步，大数据处理越来越多地借助自动化和智能化的方法，包括自动化数据清洗和预处理、自动化模型构建和优化，以及智能算法和机器学习技术的应用，以提高数据处理的效率和准确性。

综上所述，数据处理技术涵盖了数据采集和存储、数据清洗和预处理、数据管理和组织、数据分析和挖掘、可视化和报告、实时数据处理、分布式计算、云计算、流式数据处理、数据隐私和安全、数据治理、自动化和智能化等方面，以支持对大数据的有效利用和价值提取。这些技术的发展和应用使人们能够更好地处理和利用大数据。大数据的处理技术不仅是简单地处理和分析数据，更是涉及数据的整合、清洗、处理、分析和可视化等多个环节，以实现对数据的深入理解和应用。

在大数据的处理过程中，需要考虑到数据的质量、准确性和可信度。数据分析和挖掘技术则允许用户从大数据中挖掘出有价值的模式、趋势和关联性，以支持决策和预测。同时，随着实时数据的产生和需求的增加，实时数据处理和流式数据处理技术成为重要的领域。实时数据处理技术允许用户对数据流进行即时处理和分析，以满足对实时决策和反应的需求。流式数据处理技术则能够处理高速产生的数据流，并进行实时的数据处理和分析。

另外，云计算在大数据处理中起着关键的作用。云计算提供了强大的计算和存储资源，可以根据需求弹性扩展计算资源，以满足大数据处理的要求。

总之，大数据的定义和处理技术是在数据量庞大、种类繁多、处理速度要求高的背景下应运而生的。通过采用数据采集和存储、数据清洗和预处理、数据管理和组织、数据分析和挖掘、实时数据处理、流式数据处理、云计算等技术，用户能够更好地处理和利用大数据，从而获得有价值的洞察和信息，推动数字经济的发展。

2.2 大数据在商业智能和市场分析中的应用

大数据在商业智能和市场分析中的应用非常广泛，它能够帮助企业深入了解市场趋势、用户行为和竞争对手情报，从而做出更准确的决策和制定更有效的营销策略。以下是大数据在商业智能和市场分析中的一些主要应用领域：

（1）消费者行为分析。通过收集和分析大量的消费者数据，如购买记录、浏览历史、社交媒体活动等，企业可以深入了解用户的偏好、兴趣和需求。这可以帮助企业优化产品设计、个性化营销、改进用户体验，并提供更有针对性的产品和服务。

（2）市场趋势预测。大数据分析可以帮助企业识别市场趋势、行业发展方向和新兴市场机会。通过监测和分析大量的市场数据、社交媒体数据和其他相关数据源，企业可以及时捕捉市场动态，预测市场需求和行业趋势，从而制定更具竞争力的市场战略。

（3）竞争情报分析。通过监测和分析竞争对手的数据与行为，企业可以获得有关竞争对手的关键信息，如产品定价、市场份额、销售策略等。这可以帮助企业评估竞争对手的优势和劣势，并制定针对性的竞争策略。

（4）营销效果评估。大数据分析可以帮助企业评估营销活动的效果和回报。通过分析销售数据、广告点击率、社交媒体互动等数据，企业可以了解不同营销渠道的效果，并根据数据指标进行优化和调整，以提高营销效率和 ROI（投资回报率）。

（5）供应链优化。大数据分析可以帮助企业优化供应链管理，提高供应链的效率和可靠性。通过分析供应链中的各种数据，如库存水平、订单流程、物流数据等，企业可以准确预测需求、优化库存管理、改进物流安排，从而降低成本、提高交付效率和用户满意度。

（6）用户推荐系统。大数据分析可以帮助企业构建个性化的用户推荐系统。通过分析用户的历史行为、兴趣和偏好，企业可以向用户提供个性化的产品、服务和内容，满足用户的需求。

（7）欺诈检测。大数据分析在商业智能和市场分析中还可以应用于欺诈检测。通过分析大量的交易数据、用户行为模式和异常指标，企业可以识别潜在的欺诈行为，采取相应的预防措施，保护自身利益和用户利益。

（8）市场定位和定价策略。大数据分析可以帮助企业进行市场定位和定价策略的制定。通过分析消费者的特征、购买行为和市场竞争情况，企业可以确定目标市场、制定适当的定价策略，并根据市场反馈和数据分析进行调整和优化。

（9）市场营销预测。大数据分析可以帮助企业预测市场营销活动的效果和结果。通过分析过去的市场营销数据、消费者反馈和市场趋势，企业可以预测不同营销策略和活动的结果，并做出相应的决策和调整。图 2–7 所示为大数据推荐系统业务场景。

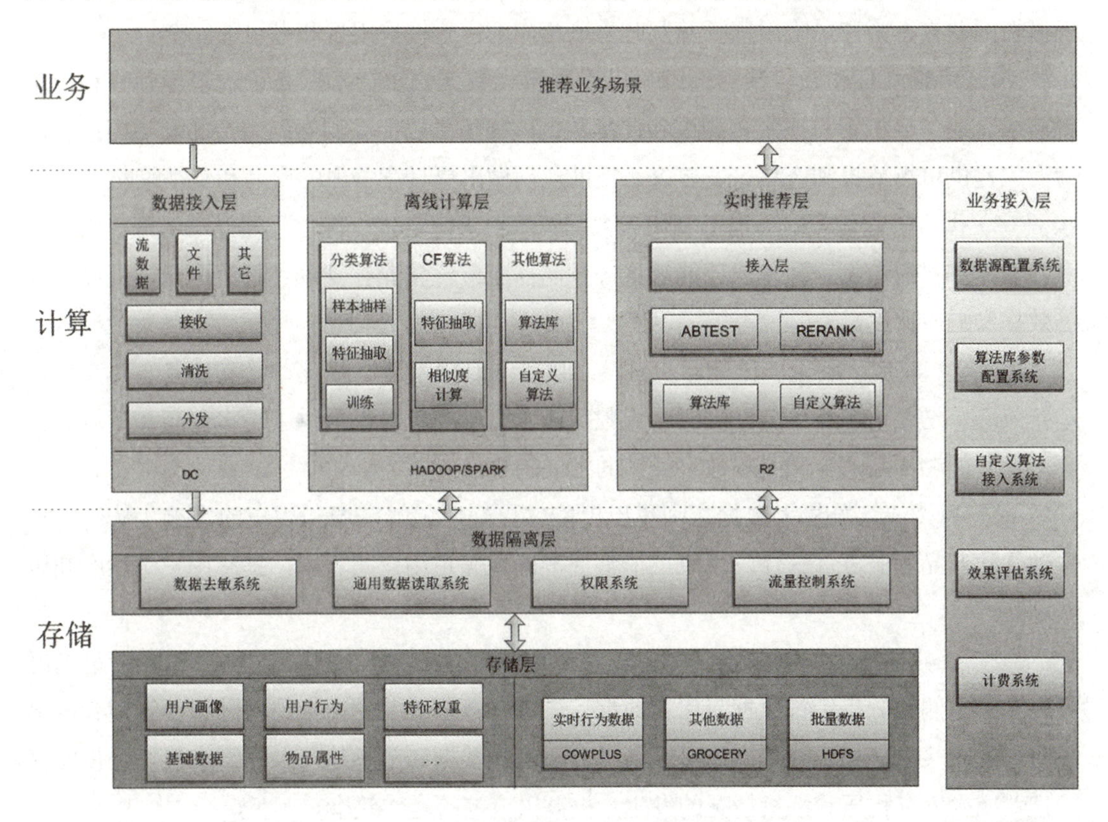

图 2–7 大数据推荐系统业务场景

总之，大数据在商业智能和市场分析中的应用非常广泛，它可以帮助企业深入了解市场和消费者，优化业务运营和决策制定。通过准确的数据收集、分析和应用，企业可以更好地把握市场机遇、提高竞争力，并实现可持续发展。

阿里巴巴作为中国最大的电子商务集团之一，在商业智能和市场分析方面广泛应用大数据技术。以下是阿里巴巴在这些领域的主要应用：

（1）用户画像和个性化推荐。阿里巴巴通过收集和分析海量的用户数据，构建了精准的用户画像。通过了解用户的购买行为、浏览习惯、兴趣爱好等信息，阿里巴巴能够为用户提供个性化的产品推荐和定制化的购物体验，提高用户满意度和购买转化率。

（2）数据驱动的决策制定。阿里巴巴利用大数据分析技术来支持决策制定过程。通过收集和分析市场数据、销售数据、供应链数据等，阿里巴巴能够及时了解市场趋势、消费者需求和竞争动态，从而做出更明智的商业决策，优化产品组合、定价策略和供应链管理。

（3）反欺诈和风控。阿里巴巴在电子商务平台上面临着各种欺诈和风险问题。为了应对这些问题，阿里巴巴利用大数据技术分析用户行为、交易模式、信用评分等信息，识别潜在的欺诈行为和风险因素，并及时采取相应的措施保护用户和平台的安全。

（4）市场洞察和趋势预测。阿里巴巴通过大数据分析技术深入了解市场趋势和消费者需求。通过分析用户搜索、购买和评价数据，阿里巴巴能够洞察新兴产品和热门趋势，为商家提供市场情报和产品研发建议，帮助他们做出更具竞争力的产品和营销策略。

（5）供应链优化。阿里巴巴利用大数据技术对供应链进行优化。通过分析订单数据、库存数据和物流数据，阿里巴巴能够准确预测需求，优化库存管理和物流配送，提高供应链效率和响应速度。

通过这些应用，阿里巴巴能够更好地了解市场和消费者、优化产品和服务、提高商业运营效率、增强市场竞争力。同时，大数据技术也为阿里巴巴提供了更多创新和发展的机会，使其能够不断适应和引领数字经济的发展趋势。

（1）通过深入分析大数据，阿里巴巴能够更好地了解市场和用户的需求，从而针对性地优化产品和服务。这使阿里巴巴能够更准确地满足用户的需求，提高用户满意度和忠诚度。

（2）大数据技术能够帮助阿里巴巴提高商业运营效率。通过大数据分析，阿里巴巴可以实时监测和分析销售数据、库存数据、供应链数据等关键指标，帮助企业管理者做出更明智的决策。例如，阿里巴巴可以通过分析销售数据和市场趋势预测需求量，优化库存管理，减少库存积压和缺货情况的发生，提高供应链的运作效率。

（3）大数据技术还能够帮助阿里巴巴提升市场竞争力。通过深入分析市场数据、消费者行为及竞争对手的策略，阿里巴巴能够洞察市场趋势，发现机会并制定相应的商业策略。例如，通过分析用户搜索和购买行为，阿里巴巴可以发现新兴产品和热门趋势，进一步拓展了产品线和服务领域，从而提高了企业的市场份额和竞争力。

2.3 大数据的隐私保护和数据安全

1. 大数据隐私保护

在大数据时代，隐私保护成为一个重要的议题。大数据涉及大量个人和机构的敏感信息，如果不加以妥善保护，可能会导致隐私泄露、个人权益受损及信任破坏。因此，隐私保护在大数据应用中至关重要。以下是一些常见的隐私保护方法和技术：

（1）匿名化和脱敏。匿名化是将个人身份信息与特定个体分离，使其无法被识别。脱敏是将个人敏感信息替换为模糊化或虚拟化的数据，以保护个人隐私。采用匿名化和脱敏技术可以减少对身份的直接关联，从而保护个人隐私。

（2）数据分类和权限控制。对大数据进行分类，根据数据敏感性和访问权限设置不同级别的访问控制。只有经过授权的用户才能访问特定级别的数据，从而保护个人隐私。

（3）数据加密。对敏感数据采用加密技术进行保护，在数据传输和存储过程中保持数据的机密性。加密可以有效防止未经授权的访问和数据泄露。

（4）数据保护政策和隐私声明。制定明确的数据保护政策和隐私声明，向用户明确说明数据收集和使用的目的、范围和方式。用户应清楚知道自己的数据将如何被使用，并有权选择是否提供个人信息。

（5）安全审计和监测。建立安全审计和监测机制，实时监测数据的访问和使用情况。通过日志记录、行为分析和异常检测等技术手段，及时发现潜在的安全威胁和异常行为。

（6）法律合规性。遵守适用的隐私保护法律法规，包括个人数据保护法和相关行业标准。确保在数据处理过程中符合法律的要求，保护用户的隐私权益。

（7）安全培训和意识提升。加强员工的安全培训和意识提升，使他们了解隐私保护的重要性，遵守相关规定，减少人为因素对隐私保护的影响。

2. 大数据的数据安全策略

大数据的数据安全策略是为了保护大数据资产的机密性、完整性和可用性。以下是一些常见的大数据的数据安全策略：

（1）访问控制和身份验证。建立严格的访问控制机制，限制对大数据的访问权限，并使用强大的身份验证方法，如多因素身份验证，确保只有经过授权的用户可以访问敏感数据。

（2）加密。对大数据存储和传输过程中的敏感数据进行加密，确保数据在未经授权的情况下无法被解读。例如，使用强大的加密算法，可以保护数据的机密性。

（3）数据备份和灾难恢复。建立定期备份和灾难恢复计划，确保数据的安全性和可恢复性。通过备份数据，即使数据丢失或硬件故障，也能够迅速恢复数据。

（4）强化网络安全。采取网络安全措施，如防火墙、入侵检测系统和入侵防御系统，保护大数据系统免受网络攻击和恶意行为的威胁。

（5）安全监测和审计。建立实时的安全监测和审计机制，对大数据的访问和使用进行监控。通过监测和审计，可以及时发现异常行为和安全威胁，并采取相应的措施进行应对。

（6）数据分类和分级。根据数据的敏感程度，对大数据进行分类和分级，并为每个级别制定相应的安全措施。对于重要的敏感数据可以单独存储和访问，并采取更加严格的安全措施来保护。

（7）安全培训和意识提升。加强员工的安全培训和意识提升，教育他们有关数据安全的最佳实践和风险防范措施，降低内部人员对数据安全的威胁。

（8）定期安全评估和漏洞修复。定期进行安全评估，发现和修复潜在的安全漏洞和弱点。持续监测和更新系统，确保系统的安全性和稳定性。

（9）合规性和法律要求。遵守适用的数据保护法律和行业合规性要求，如 GDPR（通用数据保护条例）和 HIPAA（健康保险可追溯性和责任法案），以保护用户数据的合法性和隐私。

（10）安全数据生命周期管理。制定完整的数据生命周期管理策略，包括数据的收集、存储、处理和销毁阶段。确保在每个阶段都采取适当的安全措施，避免数据泄露或出现滥用风险。

（11）第三方供应商管理。如果将数据外包给第三方供应商处理，应确保与供应商签订合适的合同和协议，明确数据安全责任和义务，并监督其安全实践。

（12）持续改进和演练。建立持续改进和演练机制，定期评估和提升数据安全策略的有效性。通过演练和模拟安全事件提高应急响应能力，及时应对安全威胁。

综上所述，大数据的数据安全策略包括访问控制、加密、备份和恢复、网络安全、监测和审计、数据分类、安全培训、安全评估、合规性和法律要求等措施。综合使用这些策略，可以有效保护大数据的安全性和可靠性，降低发生数据泄露和安全威胁的概率。

2.4 大数据与知识图谱的结合及其应用案例

1. 大数据与知识图谱结合优势

大数据和知识图谱结合可以实现更深入的数据分析和理解，提供更精准和个性化的服务，以及支持更高级的智能推理和问题解决。这种结合能够充分挖掘大数据的潜力，为企业和组织带来更多的商业价值和竞争优势。将大数据和知识图谱结合具有以下优势：

（1）数据关联和语义理解。知识图谱能够将大数据中的各种数据元素进行关联和链接，通过语义理解建立它们之间的关系。这使数据的含义更加清晰和准确，让企业和组织能够更好地理解和分析数据。

（2）智能推理和问题解决。知识图谱可以帮助构建逻辑推理能力，逻辑推理可以进一步展开更高级的智能推理。通过将大数据与知识图谱相结合，可以实现更精确的数据分析和决策支持，发现隐藏在大数据中的有价值的信息和洞察。

（3）数据补充和增强。大数据中可能存在数据不完整或缺失的情况，而知识图谱可以通过补充和丰富的方式来增强数据。知识图谱中的知识和关系可以用来填补数据的空缺，为用户提供更全面和准确的数据视图。

（4）语义搜索和发现。结合知识图谱的语义理解和关联能力，可以实现更智能和精准的数据搜索和发现。用户可以通过查询相关的概念、实体或关系，而不仅是关键字，从而得到更具意义和相关性的结果。

（5）个性化推荐和推送。大数据中的用户行为和偏好数据可以与知识图谱中的个人化信息相结合，实现更精准和个性化的推荐与推送。通过对用户兴趣、偏好和行为的深入了解，可以提供更符合用户需求和兴趣的个性化服务与推荐。

2. 大数据与知识图谱结合应用案例

百度知心是百度公司基于大数据和知识图谱技术开发的一款医疗智能助手。它利用大数据分析和知识图谱技术为用户提供个性化的医疗健康服务。以下是百度知心与大数据和知识图谱结合的优势和应用案例：

（1）精准诊断和治疗建议。百度知心通过大数据分析用户的病历、症状、药物等信息，并结合知识图谱中的医疗知识和专业知识，为用户提供精准的诊断建议和治疗方案。通过分析大规模的医疗数据和构建丰富的知识图谱，百度知心可以辅助医生和患者做出更准确的诊断与治疗决策。

（2）健康管理和预防。百度知心利用大数据和知识图谱技术分析用户的健康数据、生活习惯和遗传信息，提供个性化的健康管理和预防措施。通过了解用户的健康状况和风险因素，百度知心可以为用户推荐合适的饮食建议和运动方案，帮助用户预防疾病、改善健康状况。

（3）医疗资源优化。大数据和知识图谱的结合还可以帮助百度知心优化医疗资源的分配和利用。通过分析大量的医疗数据和知识图谱中的医疗机构与医生信息，百度知心可以提供用户附近医疗资源的评价、排队时间和医生的专业特长等信息，帮助用户选择更合适的医疗服务。

总之，百度知心作为一个基于大数据和知识图谱结合的医疗智能助手，利用大数据分析和知识图谱技术，为用户提供精准的诊断建议、个性化的健康管理和优化的医疗资源服务。这种结合可以改善医疗健康领域的效率和准确性，从而为用户提供更好的医疗体验和服务。

单元3 人工智能

知识拓展：什么是人工智能

3.1 人工智能的发展历程和技术原理

最早的人工智能（Artificial Intelligence，AI）可以追溯到20世纪50年代，其经历了几个重要的阶段，也发生了技术原理的演变，如图2-8所示。

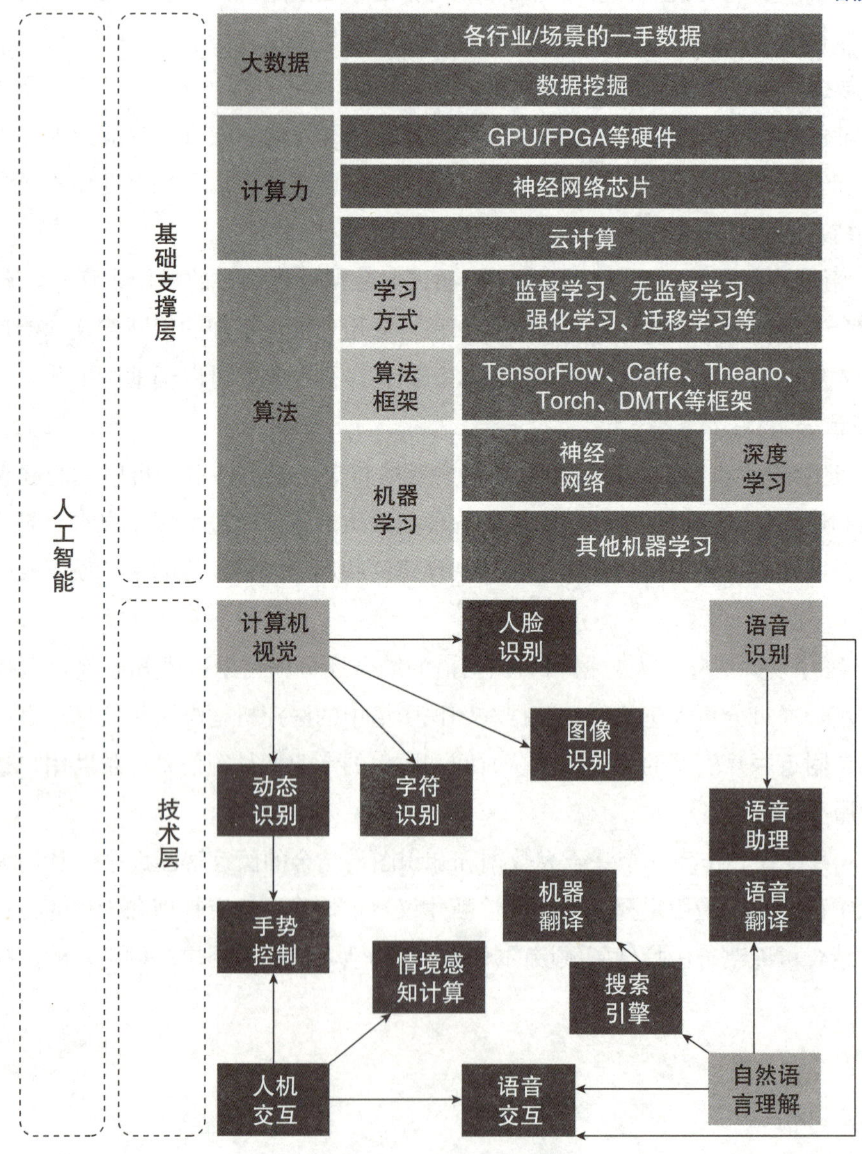

图2-8 人工智能路线图

（1）符号主义（Symbolic AI）阶段。20 世纪 50 年代至 70 年代，AI 研究主要集中在使用符号和逻辑规则进行问题求解的方法。该阶段的代表性技术包括专家系统（Expert Systems），它通过规则和知识库来模拟人类专家的决策过程。

（2）连接主义（Connectionist AI）阶段。20 世纪 80 年代，出现了神经网络（Neural Networks）的概念，通过模拟神经元之间的连接和传递信息的方式来实现智能。这个阶段的代表性技术是反向传播算法（Backpropagation），它可以训练神经网络进行模式识别和任务分类。

（3）统计学习（Statistical Learning）阶段。20 世纪 90 年代，随着计算能力的提升和数据量的增加，统计学习成为 AI 研究的重要方向。该阶段的代表性技术包括支持向量机（Support Vector Machines）、隐马尔可夫模型（Hidden Markov Models）和决策树（Decision Trees）等，它们通过统计模型和算法来分析并预测数据。

（4）深度学习（Deep Learning）阶段。近年来，随着大数据和计算资源的快速发展，深度学习成为 AI 的主流技术。深度学习利用多层神经网络结构进行特征提取和模式识别，能够处理复杂的数据和任务。深度学习在图像识别、语音识别、自然语言处理等领域取得了显著的突破，如卷积神经网络（CNN）和循环神经网络（RNN）等。

（5）强化学习（Reinforcement Learning）阶段。强化学习是人工智能领域的一个重要分支，它通过代理程序与环境进行交互学习来实现智能决策。在强化学习中，代理程序通过观察环境的状态、执行动作和接收奖励信号来学习最优策略。该技术在游戏领域获得了很多突破，如 AlphaGo 击败人类围棋冠军就是基于强化学习的成果。

（6）迁移学习（Transfer Learning）和迁移强化学习（Transfer Reinforcement Learning）阶段。随着人工智能的发展，迁移学习和迁移强化学习成为关注的焦点。迁移学习利用已学习的知识和经验来加速新任务的学习；而迁移强化学习将迁移学习与强化学习相结合，使智能系统能够更快适应新的环境并接受新的任务。

综上所述，人工智能的发展历程从符号主义到连接主义、统计学习、深度学习及强化学习，经历了技术原理的不断演进和改进。这些技术原理在解决不同的问题和任务时具有不同的优势和适用性。同时，随着技术的不断发展，新的技术和方法不断涌现，人工智能为实现更加智能、自主的系统和应用提供了更多可能性。

3.2 人工智能在金融、医疗和智慧城市中的应用

1. 人工智能在金融领域的应用

蚂蚁金服是国内领先的金融科技公司，其应用人工智能技术在金融领域实现了很多的创新和应用。

（1）信用评估和风险管理。蚂蚁金服利用人工智能技术对海量数据进行分析，包括用户的支付行为、借贷记录、社交网络数据等，从而实现更准确的信用评估和风险管理。他们开发了基于机器学习的信用评分模型，能够快速准确地评估个人和企业的信用风险，并为用户提供个性化的金融服务，如借贷、办理信用卡等。

（2）反欺诈系统。蚂蚁金服利用人工智能技术构建了反欺诈系统，通过分析用户的行为模式、设备指纹等数据来识别潜在的欺诈行为。其采用机器学习和深度学习算法实时监测交易与用户行为，以及识别异常和风险行为，从而保护用户的资金安全。

（3）智能客服和机器人助手。蚂蚁金服借助自然语言处理和语音识别技术，开发了智能客服和机器人助手。这些智能系统能够自动回答用户的问题并为他们提供金融咨询和服务，并能够根据用户的需求和行为推荐合适的产品与服务。通过智能客服和机器人助手，蚂蚁金服能够提高用户服务的效率和质量。

（4）投资智能化。蚂蚁金服推出了基于人工智能的投资智能化工具，能够根据用户的风险偏好、投资目标和市场情况为他们提供个性化的投资建议和组合优化。通过机器学习和数据分析，其能够实时监测市场动态、分析投资机会，并提供实时的投资策略和调整建议。

蚂蚁金服通过应用人工智能技术，提升了金融服务的智能化和个性化水平，为用户提供更便捷、高效、安全的金融体验。同时，其也在不断探索和创新人工智能在金融领域的应用，从而推动金融科技的发展和数字经济的进步。

2. 人工智能在医疗领域的应用

迈瑞医疗是一家专注于医疗设备和解决方案的公司，其在医疗领域中广泛应用人工智能技术。以下是迈瑞医疗在医疗领域中应用人工智能的案例。

（1）影像诊断。迈瑞医疗利用人工智能技术改进了医学影像的诊断能力。其开发了基于深度学习算法的影像诊断系统，能够自动识别和分析医学影像中的病变区域，并提供准确的诊断结果。这有助于医生提高诊断的准确性和效率，加快病情判断速度和治疗速度。

（2）远程医疗。迈瑞医疗利用人工智能技术实现了远程医疗服务。迈瑞医疗在远程医疗方面取得了重要进展。他们开发的远程诊疗平台结合了人工智能和通信技术，使医生和患者能够通过视频通话和智能辅助诊断工具进行远程沟通与诊断。这项技术可以跨越时空的限制，使偏远地区和无法及时就医的患者能够得到专业的医疗服务。同时，通过人工智能的辅助诊断工具，医生可以实时获取患者的体征数据和病历信息，对患者进行远程诊断和治疗指导，这就提高了远程医疗的准确性和效果，为医生和患者均提供了便利。对于偏远地区和无法及时就医的患者来说，远程医疗已经成为一种重要的解决方案。

（3）健康管理。迈瑞医疗利用人工智能技术开发了健康管理解决方案。其结合传感器技术和数据分析算法，开发了智能穿戴设备和健康监测平台，能够实时监测患者的生理参数、活动水平和睡眠质量等数据，并提供个性化的健康建议和预警。这有助于人们更好地管理自己的健康状况，预防疾病的发生和进展。这些设备通过传感器技术可以实时监测患者的生理参数、活动水平和睡眠质量等数据，并通过人工智能算法进行分析和解读。基于患者的个体数据，迈瑞医疗可以为患者提供个性化的健康建议和预警，帮助他们更好地管理自身的健康状况。这种个性化的健康管理服务能够提高患者的健康意识，促使患者积极参与健康管理和预防，从而降低他们的患病风险并提高生活质量。

（4）数据分析和科研。迈瑞医疗利用人工智能技术进行医疗数据的分析和科研。其开发了医疗大数据平台，能够收集和整合各种医疗数据，包括患者的临床数据、影像数据、实验室数据等，并运用人工智能算法进行数据挖掘和分析。这有助于医学研究人员发现新的治疗方法、预测疾病的发展趋势和改进医疗流程。利用人工智能算法和数据挖掘技术，迈瑞医疗从海量数据中发现模式、规律和关联性，为医学研究人员提供宝贵的数据支持。这有助于加速新药开发、疾病预测和诊断方法的改进，还可以推动医学科学的进步和创新。

通过以上应用，迈瑞医疗利用人工智能技术改善了医医疗领域的诊断准确性和效率，提升了远程医疗的可及性和便捷性，为患者提供了个性化的健康管理服务，并促进了医学研究和科学创新。这些应用对于改善患者的医疗体验、提高医疗质量具有重要的意义。

通过以上案例可以看出，迈瑞医疗在医疗领域中充分应用人工智能技术，提升了医疗服务的质量、效率和可及性。他们利用人工智能在影像诊断、远程医疗、健康管理和数据分析等方面的优势，为医生和患者提供了更准确、便捷和个性化的医疗解决方案。这不仅促进了医疗技术的创新和发展，也为患者提供了健康保障和更好的医疗体验。

3. 人工智能在智慧城市中的应用

当人工智能（图 2–9）涉及在智慧城市方面的应用时，Microsoft 提供了一系列的解决方案和工具，以实现智慧城市的目标。以下是一些具体的应用案例：

（1）城市交通管理。Microsoft 利用人工智能技术改进了城市交通管理系统。通过智能传感器、摄像头和实时数据分析，可以监测交通流量、路况和交通事故等信息。对这些数据进行整合和分析，可以帮助城市规划者更好地管理交通流量、优化信号灯控制和改善道路安全。

（2）能源管理。Microsoft 的人工智能技术可用于优化能源使用和管理。通过物联网设备和传感器收集能源消耗数据，结合数据分析和预测模型，可以识别能源浪费和优化能源分配。这有助于城市实现能源效率、减少碳排放和提高可持续性。

（3）城市安全和监控。Microsoft 的人工智能解决方案可以应用于城市安全和监控领域。通过智能监控摄像头和视频分析技术，Microsoft 可以实时检测和识别异常行为、犯罪活动和紧急事件。这有助于提升城市的安全性和应急响应能力。

图 2-9　人工智能

（4）垃圾管理和环境监测。通过物联网传感器和数据分析，Microsoft 的人工智能技术可以监测和优化垃圾管理系统，以及环境污染监测。通过实时数据收集和分析，可以改善垃圾收集和处理流程，并提供环境指标和预测，帮助城市采取更有效的环境保护措施。

综上所述，Microsoft 在智慧城市方面的人工智能应用涵盖了交通管理、能源管理、安全监控和环境保护等领域。通过整合物联网设备、数据分析和智能决策支持系统，Microsoft 帮助城市实现更智能、更高效和更可持续的发展，从而提升居民的生活质量。

3.3　人工智能导致的伦理和社会问题及其应对策略

1. 人工智能导致的伦理和社会问题

当涉及人工智能的伦理问题时，有以下几个关键问题需要考虑：

（1）隐私和数据安全。人工智能系统需要访问和分析大量的个人数据。这引发了隐私保护和数据安全的问题。个人的敏感信息可能会被滥用或泄露，导致个人隐私权被侵犯。

（2）算法偏见和歧视。人工智能系统的算法是通过训练数据进行学习和决策的。如果训练数据中存在偏见或歧视性内容，人工智能系统可能会反映这些偏见，并在决策过程中不能公平对待特定群体或个人。

（3）就业和劳动力市场。人工智能的自动化和智能化技术可能取代一些传统的工作岗位，导致大量的失业和社会不稳定。另外，需要重新考虑教育和培训的方向，以适应人工智能时代的就业需求。

（4）责任和透明度。人工智能系统的决策过程通常是暗箱操作，很难解释其决策的依据和逻辑。这引发了责任问题，当人工智能系统做出错误决策或产生不良后果时，难以追踪和确定责任。

（5）伦理和道德问题。人工智能系统的应用涉及一些伦理和道德问题。例如，自动驾驶车辆在面临危险情况时应该优先考虑何种决策？医疗人工智能系统在处理生命关键决策时应该遵循哪些道德原则？

2. 伦理问题、社会问题的应对策略

人工智能的应用场景（表 2-1）尤为广泛，为了应对人工智能产生的伦理问题和社会问题，人们有一些常见的应对策略。

表 2-1　人工智能的应用场景

<table>
<tr><th colspan="2">场景领域</th><th>旧场景</th><th>场景革命 4.0</th><th>对应数字技术</th></tr>
<tr><td rowspan="6">出行</td><td>网约车</td><td>扬招打车/打车 App</td><td>语音打车</td><td rowspan="3">AI</td></tr>
<tr><td>旅行预订</td><td>网点购票/线上购票</td><td>AI 旅客服务</td></tr>
<tr><td>驾驶导航</td><td>地图/导航 App</td><td>AI 导航</td></tr>
<tr><td>辅助驾驶</td><td>倒车雷达</td><td>高级自动驾驶</td><td>物联网、自动驾驶</td></tr>
<tr><td>货物运输</td><td>人力/传统交通工具</td><td>无人配送/无人港口集装</td><td>5G、工业互联网、自动驾驶</td></tr>
<tr><td>智慧交通</td><td>交通信息化</td><td>AI 智慧交通</td><td>5G、物联网、AI</td></tr>
<tr><td rowspan="2">社交</td><td>社交平台</td><td>QQ/微信</td><td>元宇宙</td><td rowspan="2">VR/AR 、Web 3.0</td></tr>
<tr><td>内容社区</td><td>微博/朋友圈</td><td>VR 社区</td></tr>
<tr><td rowspan="5">办公</td><td>文档编辑</td><td>传统办公软件</td><td>AI 辅助办公软件</td><td>AIGC</td></tr>
<tr><td>会议</td><td>线下会议/视频会议</td><td>VR 会议</td><td>VR/AR</td></tr>
<tr><td>个人数据存储</td><td>本地存储</td><td>公有云</td><td>云计算</td></tr>
<tr><td>合同签署</td><td>纸质合同</td><td>电子合同/智能合约</td><td>Web 3.0</td></tr>
<tr><td>政务服务</td><td>窗口服务/政务App</td><td>政务云平台/智能政务客服</td><td>云计算、AIGC</td></tr>
<tr><td>搜索</td><td>搜索引擎</td><td>传统搜索引擎</td><td>AI 搜索引擎</td><td>AIGC</td></tr>
<tr><td rowspan="6">娱乐</td><td>游戏</td><td>端游/手游</td><td>VR/AR 云游戏</td><td>云计算、VR/AR</td></tr>
<tr><td>音乐</td><td>MP3/在线音乐</td><td>AI 大众音乐创作</td><td>AI</td></tr>
<tr><td>电影</td><td>DVD/在线观影</td><td>VR 电影</td><td>VR/AR</td></tr>
<tr><td>语音交互</td><td>语音助手</td><td>聊天机器人</td><td>AIGC</td></tr>
<tr><td>电视节目</td><td>演播室</td><td>数字主持人</td><td>Web 3.0</td></tr>
<tr><td>演唱会</td><td>音乐厅演唱会</td><td>虚拟演唱会/数字偶像</td><td>VR/AR</td></tr>
</table>

续表

场景领域		旧场景	场景革命 4.0	对应数字技术
居住	看房/租房	线下看房	VR 看房	VR/AR
	家用电器	传统家电	智能家居	物联网、AI
	安防	视频监控	AI 智慧安防系统	5G、物联网、AI
教育	课堂教学	教师口授/PPT	VR 课堂	VR/AR
	教学管理	纸质文档/本地教学数据	教育云平台	云计算
生产	硬件设施	人工流水线	数字化车间	5G、工业互联网、云计算
	工业机械	传统机械设备	工业机器人/人型机器人	5G、工业互联网、AI
	员工培训	教师演示/实物操作	VR 培训	VR/AR
	企业劳动力	普通员工	数字员工（RPA）	Web 3.0
	数据中心	传统数据中心	模块化数据中心/边缘数据中心	云计算
管理	企业管理	传统 ERP	云 ERP	云计算、大数据
金融	支付方式	现金支付/第三方移动支付	数字货币	区块链
	银行服务	线下网点/银行App	AI 智慧银行	AI
	理财服务	咨询理财顾问	智能理财规划	

（1）制定法律和监管框架。制定相关法律和监管政策，确保人工智能的开发和应用符合伦理和法律要求。包括隐私保护、数据安全、算法公正性等方面的规定，以确保人工智能技术的合理和负责任的使用。

（2）强调透明度和问责制。加强人工智能系统的透明度，使其决策过程可以被解释。建立机制，确保人工智能系统的决策和行为可以接受审核和追踪。另外，还需要明确责任和问责制，当人工智能系统产生不良后果时，相关责任方能够被追究。

（3）促进多方参与和公众讨论。加强公众参与和广泛讨论，特别是受到人工智能应用影响的群体。倾听各方意见和建议，形成共识，并将其纳入决策和规划过程中。

（4）促进伦理意识和教育。加强人工智能伦理意识和教育，培养人工智能开发者和使用者的伦理责任感。强调人工智能技术的伦理原则，培养人工智能专业人员的伦理思维和道德判断能力。

（5）保护个人隐私和数据安全。应采取有效措施保护个人隐私和数据安全，包括加强数据保护措施、数据匿名化和脱敏、数据访问和共享的权限管理等，以确保个人隐私不被滥用和泄露。

（6）促进社会平等和包容性。确保人工智能技术的开发和应用不加剧社会不平等，并促进包容性发展。关注弱势群体的需求，确保他们能够平等地受益于人工智能技术的发展。

（7）鼓励技术伦理审查和评估。引入技术伦理审查和评估机制，对人工智能系统的开发和应用进行伦理道德的审查。这可以帮助识别潜在的伦理问题，并在早期阶段进行调整和纠正。

（8）促进国际合作和标准制定。加强国际合作，共同制定人工智能的伦理和规范标准。通过多边对话和合作，协调各国的政策和立法措施，避免不同国家之间存在的法律和伦理差异带来的问题。

（9）技术可解释性和公正性。提高人工智能算法的可解释性，确保决策过程透明且可以被解释。另外，加强算法的公正性可以确保其不对特定群体或个体产生不公平的影响。

（10）建立伦理委员会和机构。建立独立的伦理委员会和机构，负责监督和评估人工智能技术的伦理和社会影响。这些机构可以制定指导方针、提供咨询和建议，并监督人工智能的应用过程。

（11）培养人工智能伦理专家和从业人员。培养专门的人工智能伦理专家和从业人员，他们能够深入了解人工智能技术的伦理问题，并能够在开发和应用过程中提供专业的伦理指导。

（12）强化道德机器人设计原则。在设计和开发智能机器人和自主系统时，引入道德机器人设计原则，确保其行为符合伦理和道德准则。这包括遵守法律、尊重个人权利、优先考虑人类福祉等。

（13）推动伦理审查和社会影响评估。在人工智能技术的开发和应用过程中，进行伦理审查和社会影响评估。这包括评估潜在的伦理风险和社会影响，采取必要的纠正措施和风险管理策略。

（14）加强教育和公众意识。加强人工智能相关的教育和公众意识活动，提高人们对人工智能伦理问题的认识和理解。这些可以通过教育课程、研讨会、媒体宣传等途径实现，以便公众能够积极参与和推动人工智能的可持续发展。

3.4 人工智能的可解释性和安全性问题及其解决方案

1. 人工智能的可解释性问题

人工智能的可解释性问题是指人们难以理解和解释人工智能系统的决策过程与推理逻辑。这是因为一些复杂的机器学习算法和深度神经网络在进行决策时所涉及的计算过程非常复杂，难以让人类直接理解。可解释性问题带来了以下几个关注点：

（1）透明性。可解释性是确保人工智能系统决策过程透明和可追踪的关键因素。当人工智能系统做出重要决策时，用户和利益相关方希望能够了解该决策的原因与依据。缺乏透明性可能引发疑虑、不信任和担忧。

（2）误判和不公平性。缺乏可解释性可能导致人工智能系统出现误判和不公平性问题。如果人工智能系统基于偏见或歧视性数据进行训练，或者算法内部的决策过程难以解释，那么系统可能对特定群体或个人进行不公平的对待。

（3）责任和问责制。缺乏可解释性使追究人工智能系统决策的责任方变得困难。当系统出现错误决策、产生不良后果或侵犯伦理原则时，很难追踪到具体的决策过程和责任方。这使解决问题、纠正错误和追究责任变得复杂。

2. 人工智能的安全性问题

人工智能的安全性问题涉及人工智能系统的安全威胁和潜在风险。以下是一些与人工智能安全相关的关注点：

（1）数据安全和隐私保护。人工智能系统依赖于大量的数据进行训练和决策。确保这些数据的安全性和隐私保护至关重要。数据泄露、未经授权的数据访问和滥用可能导致个人隐私的侵犯和数据泄露。

（2）对抗性攻击。人工智能系统可能面临对抗性攻击，旨在干扰其正常运行或误导其决策。例如，针对图像分类模型的对抗性样本攻击，可以通过微小的修改使其误判图像。对抗性攻击可能会破坏人工智能系统的可靠性和信任度。

（3）黑箱决策和意外行为。某些复杂的人工智能系统，特别是深度学习模型，其决策过程可能是黑箱的，难以解释和理解。这使系统的行为变得不可预测，可能导致意外的决策和行为，甚至无法检测和修正潜在的错误。

（4）人工智能滥用和恶意用途。人工智能技术有可能被用于恶意目的，如制造虚假信息、网络钓鱼、网络攻击等。确保人工智能系统不被滥用，以防止其被用于犯罪活动或恶意攻击，这是重要的安全考虑。

（5）鲁棒性和抗干扰性。人工智能系统应具备鲁棒性，能够在面对噪声、扰动和变化时保持稳定和准确。其包括对于输入数据的变化、错误和异常情况的适应能力，以及对抗对抗性攻击的能力。

3. 人工智能可解释性问题解决方案

解决人工智能可解释性问题是一个复杂而关键的任务。以下是一些解决该问题的方案：

（1）可解释性算法选择。选择能够提供可解释性的机器学习算法和模型。例如，决策树、规则基因表达式和因子分析等算法具有较好的可解释性，可以清晰地展示决策的推理过程。

（2）透明性和可解释性工具。开发和使用透明性与可解释性工具，帮助用户理解人工智能系统的决策和推理过程。这些工具可以提供决策的解释、重要特征的可视化、决策的因果关系等信息，使用户能够理解和验证系统的决策过程。

（3）模型可解释性方法。研究和开发针对黑箱模型的可解释性方法。例如，通过解释模型的权重、特征重要性或激活模式等方式，揭示模型的决策依据，使其更具可解释性。

（4）伦理和可解释性指导原则。制定伦理和可解释性指导原则，指导人工智能系统的设计和开发过程。这些原则可以包括保证决策的可追踪性、提供解释性的用户界面、确保不产生不公平的结果等。

（5）机器学习模型解释技术。使用机器学习模型解释技术，如特征重要性分析、局部可解释性方法（如 LIME、SHAP）等，以生成对模型决策的解释或解释模型的行为。

（6）可解释性认证和标准化。建立可解释性认证和标准化机制，评估和认证人工智能系统的可解释性水平。这有助于确保系统开发商和用户对于系统可解释性的共识，并提供一定的标准和准则。

（7）教育和培训。加强人工智能可解释性相关的教育和培训，培养从业人员和用户对于可解释性的认知和理解。通过提高用户和开发者的技术素养和意识，其可以更好地应对可解释性问题。

上述解决方案的实施需要多方合作，包括研究机构、开发者、政策制定者和用户的共同努力。同时，人工智能也需要不断推动研究和创新，以提升系统的可解释性水平。

4. 人工智能安全性问题解决方案

解决人工智能安全性问题是确保人工智能系统在设计、开发和应用过程中保持安全性的重要任务。以下是一些解决该问题的方案：

（1）数据隐私保护。确保在使用和处理数据时，采取合适的数据隐私保护措施，包括数据脱敏、数据加密、访问控制和安全传输等。同时，需要遵守适用的隐私法规和法律要求，保护用户的个人隐私和数据安全。

（2）模型安全性评估。对人工智能模型进行安全性评估，检测和防范潜在的漏洞与攻击。这包括对模型的输入数据进行恶意注入和篡改的检测，对模型的输出结果进行验证和鉴别，以确保模型的安全性和可信度。

（3）对抗性攻击防御。针对对抗性攻击（如对抗样本）的防御，通过使用对抗样本检测和防御技术来提高模型的鲁棒性。这包括对输入数据进行检测和筛查，识别和拒绝对抗样本，或者通过对模型进行鲁棒性训练来提高模型的抵抗力。

（4）安全认证和标准化。建立人工智能安全性的认证和标准化机制，评估和认证人工智能系统的安全性水平。其有助于确保系统开发商和用户对于系统安全性的共识，并提供一定的安全性标准和准则。

（5）安全合规性。确保人工智能系统的开发和应用符合相关的安全合规性要求，包括数据保护法规、安全标准和政策规定等。这需要建立严格的安全合规流程和机制，确保人工智能系统的安全性与合规性。

（6）持续监测和更新。对人工智能系统进行持续的监测和更新，及时发现和修复潜在的安全漏洞与风险。这包括实时监测模型的运行状态、数据的安全性和系统的异常行为，以及及时应对安全事件和威胁。

（7）多方合作和信息共享。加强跨界合作和信息共享，建立安全性问题的反馈机制和信息共享平台。通过共享安全性问题的经验和最佳实践，人工智能加强了安全防护能力和对抗能力。

上述解决方案需要多方合作共同完成，包括政府、学术界、行业组织和企业等，这样才能提升于人工智能的安全性。

单元4　区块链

区块链与数字经济之间存在紧密的联系。区块链作为一种分布式账本技术，为数字经济提供了安全、透明和可信赖的基础设施，从而推动了数字经济的发展和创新。以下是区块链与数字经济之间的几个重要联系：

（1）信任和透明度。区块链技术通过去中心化的特点，消除了传统中心化机构的信任问题，使参与者之间可以建立起高度的信任关系。这种信任的基础是区块链上的数据公开透明、不可篡改和可验证的特性，使数字经济中的交易更加可以信赖。

（2）去中心化的经济模式。区块链技术可以实现去中心化的经济模式，消除了传统中介机构的需求。通过智能合约等技术，区块链可以实现自动化和可编程的交易，从而降低了交易成本、提高了效率，并为数字经济中的各类参与者提供了更多的机会。

（3）数据安全和隐私保护。区块链采用密码学算法和分布式存储，确保了数据的安全性和防篡改能力。这对于数字经济中的数据交换和共享非常重要，可以保护个人隐私，防止数据泄露和滥用，使数字经济的发展更加可持续。

（4）去除信息孤岛。区块链可以构建跨组织和跨平台的数据共享与交换网络，打破了传统数据孤岛的局限，促进了数字经济中各个参与者之间的协作和合作。通过共享数据和资源，区块链为数字经济提供了更大的创新和发展空间。

综上所述，区块链技术为数字经济提供了安全、透明和可信赖的基础设施，改变了传统经济模式，促进了数字经济的发展和创新。区块链的应用将进一步推动数字经济的转型，打造更加开放、公正和高效的经济生态系统。

4.1 区块链的概念和基本原理

1. 区块链的概念

区块链是一种分布式账本技术，它以去中心化和安全性为核心原则，用于记录和验证交易数据的完整性和准确性。它的基本概念是将数据按照时间顺序组织成一个不可篡改的链式结构，每个数据块包含了一定数量的交易信息，并通过密码学算法进行连接。

区块链的核心特点包括去中心化、公开透明、不可篡改和高度安全。

（1）去中心化。去中心化意味着区块链网络由众多的节点组成，没有中心化的控制机构，每个节点都有权参与交易验证和区块生成的过程。

（2）公开透明。公开透明意味着区块链中的交易和数据是公开可查的，任何人都可以查看和验证交易的有效性。

（3）不可篡改。不可篡改意味着一旦数据被写入区块链，就无法被篡改或删除，这就确保了数据的完整性和可信性。

（4）高度安全。高度安全是通过密码学算法和共识机制保障的，确保了区块链网络的安全性和防止恶意攻击。

区块链的应用不仅局限于加密货币领域，还可以应用于各个行业，如供应链管理、物联网、金融服务、医疗保健等。通过区块链技术，可以建立可信的、去中心化的数据交换和共享平台，提高数据安全性、降低交易成本、增加交易效率，并推动创新和合作。

总之，区块链作为一种创新的分布式账本技术，具有去中心化、公开透明、不可篡改和高度安全的特点，有广泛的应用前景，对传统的商业模式和社会治理方式产生了重大的影响。

2. 区块链技术的基本原理

区块链的基本原理是基于分布式账本和密码学的组合。以下是区块链的基本原理：

（1）分布式账本。区块链是一个分布式的账本，由多个参与者共同维护和更新。每个参与者都拥有账本的完整副本，通过点对点网络进行通信和数据同步。这种分布式的架构使得账本具有高度的可靠性和安全性。

（2）区块链结构。区块链由一系列的区块组成，每个区块包含了一定数量的交易记录。每个区块都包含一个唯一的标识符（哈希值），并通过哈希值指向前一个区块，形成了一个链式结构。这种链式结构确保了区块的顺序和完整性。

（3）共识机制。为了维护整个网络的一致性，区块链采用共识机制来决定哪些交易可以添加到区块中。共识机制可以是工作量证明（Proof of Work）、权益证明（Proof of Stake）等。参与者通过解决一定的计算难题或拥有一定数量的代币来参与共识过程，以确保交易的合法性和安全性。

（4）密码学安全。区块链使用密码学算法来保证交易和数据的安全性。其包括公钥密码学、哈希函数、数字签名等技术，确保交易的机密性、完整性和不可抵赖性。密码学技术还用于身份验证、访问控制和隐私保护等方面。

（5）去中心化。区块链的去中心化是其核心特征之一。去中心化意味着没有单一的中心化机构或控制权，而是由参与者共同管理和控制账本。这种去中心化的特点使区块链具有更高的可信度和抗攻击性，降低了单点故障的风险。

通过以上的基本原理，区块链实现了去中心化、安全可信、不可篡改的分布式账本，为各种应用场景提供了更加安全、透明和高效的解决方案。

4.2 区块链在数字货币、供应链管理和物联网中的应用

1. 区块链和数字货币

区块链在数字货币方面有多种应用，下面是其中一些常见的例子：

（1）交易和支付。区块链技术可以用于实现安全、去中心化的交易和支付系统。比特币是最著名的基于区块链的数字货币，它允许用户在区块链上直接进行点对点的交易，不需要第三方中介机构。

（2）钱包和资产管理。区块链可以用于创建数字货币钱包，其中用户可以安全地存储和管理他们的数字货币资产。这些钱包通常具有安全的加密功能和私钥管理，确保用户的资产安全。

（3）去中心化交易所。区块链技术可以用于构建去中心化的交易所，允许用户直接在区块链上进行数字货币的交易，而无须信任中介机构。这种方式增加了交易的透明度和安全性。

（4）初级发行和众筹。区块链可以用于进行初级发行和众筹活动，即通过发行代币来筹集资金。这种方式使项目创始人能够直接与投资者进行交互，并提供更快速和更低成本的资金募集方式。

（5）去中心化身份认证。区块链可以提供去中心化的身份认证解决方案，使用户能够在网络上安全地验证和管理他们的身份信息。这对于数字货币交易和其他在线服务的安全性和可信度至关重要。

需要注意的是，区块链技术在数字货币领域的应用不仅限于上述例子，随着技术的发展和创新的推动，还有许多其他形式的应用出现。区块链去中心化、不可篡改性和透明性的特点，为数字货币的发展提供了新的可能性和机遇。

2. 区块链与供应链管理

区块链在供应链管理方面有许多潜在的应用，它可以改善供应链的可追溯性、透明度和效率。区块链在供应链管理中的具体应用如下：

（1）商品溯源。区块链可以记录和跟踪产品的整个供应链过程，从原材料的采购到最终产品的交付。通过将每个环节的信息以区块的形式连接在一起，可以确保产品的真实性和质量，并提供值得用户信赖的溯源信息。

（2）物流和运输管理。区块链可以用于监控和管理物流与运输过程。通过在区块链上记录货物的位置、状态和交接信息，可以实现实时的物流跟踪和管理，减少货物丢失和损坏的风险，并提高整体物流效率。

（3）合同和支付管理。区块链可以用于管理供应链中的合同和支付事务。通过智能合约技术，可以将合同条款编码到区块链中，并自动执行合同中的条件和支付。这样可以提高供应链中的交易效率，减少纠纷和人为错误。

（4）供应商管理。区块链可以用于建立供应商管理系统，记录和验证供应商的身份、信用和绩效信息。这有助于提高供应链的供应商选择和风险管理能力，并促进供应链参与者之间的信任和合作关系。

（5）资产管理和溢价证明。区块链可以用于管理供应链中的资产，如原材料、零部件和库存。通过在区块链上记录和跟踪资产的所有权与状态，可以提高资产管理的透明度和效率，并减少资产的滞销和浪费。

上述应用说明了区块链在供应链管理中的潜力，它可以改变传统的供应链模式，提供更高效、安全和可靠的供应链解决方案。然而，需要注意的是，实际应用中还存在一些技术和法律上的挑战，需要综合考虑各种因素来实现区块链在供应链管理中的最佳应用。

3. 区块链在物联网领域的应用

区块链在物联网（IoT）领域的应用可以增强设备之间的安全性、可信度和互操作性。区块链在物联网中的具体应用如下：

（1）设备身份验证和认证。区块链可以用于验证和认证物联网设备的身份。每个设备可以拥有一个唯一的身份标识，并将其注册到区块链网络中。这样可以确保设备的身份真实可信，还可防止未经授权的设备接入。

（2）数据安全和隐私保护。区块链可以提供安全的数据存储和传输机制，确保物联网设备生成的数据在传输和存储过程中的安全性。通过将数据加密并存储在区块链上，可以保护数据的机密性和完整性，防止数据被篡改或泄露。

（3）交易和支付。区块链可以用于实现物联网设备之间的自动交易和支付。设备可以通过智能合约执行自动化的交易，如设备之间的资源共享、能源交易等。这种直接的设备之间的交易可以提高交易效率并降低中间环节的成本。

（4）数据共享和合作。区块链可以促进物联网设备之间的数据共享和合作。设备可以将生成的数据上传到区块链网络中，并根据设定的权限和智能合约规则与其他设备共享数据。这样可以促进设备之间的合作与协同，提升功能和服务。

（5）安全升级和追溯。区块链可以用于实现物联网设备的安全升级和追溯。设备的软件和固件升级可以通过区块链进行验证与记录，以确保升级的安全性和真实性。同时，区块链还可以记录设备的使用历史和维修记录，方便追溯设备的来源和维护情况。

上述应用展示了区块链在物联网领域的潜力，它可以增强设备之间的信任和安全，推动物联网的发展和普及。然而，实际应用中还需要解决一些挑战，如性能、可扩展性和标准化等，以实现区块链与物联网的无缝融合。

4.3 区块链的安全性和隐私保护问题及解决方案

1. 区块链的安全性和隐私保护问题

区块链的安全性和隐私保护问题是使用区块链技术时需要考虑的重要因素。以下是一些常见的问题：

（1）51% 攻击。51% 攻击是指当某个实体或组织掌握了区块链网络上超过 50% 的算力时，他们可以对交易进行篡改、双花攻击或拒绝服务攻击。这种攻击通常难以在公共区块链上实施，因为它们需要大量的计算资源。

（2）智能合约漏洞。智能合约是区块链上的自动化合约，但由于编程错误、设计缺陷或安全漏洞，智能合约可能会受到攻击。攻击者可以利用漏洞来盗取资金、执行未经授权的操作或使合约陷入僵局。

（3）隐私泄露。尽管区块链的交易记录通常是公开的，但它们通常是匿名的。然而，如果能够将特定的地址与特定的个人或实体相关联，就可能泄露用户的身份和交易信息。这可能会带来侵犯用户隐私的问题。

（4）数据私有性。在某些情况下，特定的业务需求可能要求数据保持私有。然而，区块链通常是公开透明的，所有的参与者都可以查看和验证交易。这可能与某些组织或行业的隐私要求冲突。

（5）社会工程学攻击。区块链网络的安全性不仅取决于技术层面，还涉及人类因素。攻击者可以利用社会工程学手段，通过欺骗、诱骗或利用人们的错误行为来获取私钥或访问权限。

上述问题需要综合考虑，并采取适当的安全措施来保护区块链的安全性和隐私。这可能包括使用强大的加密算法、审查智能合约的代码质量、实施身份验证和访问控制机制等。同时，不断进行研究和创新也有助于解决这些问题，并提升区块链的安全性和隐私保护能力。

2. 相关解决方案

以下是一些解决区块链安全性和隐私保护问题的常见方案：

（1）加密技术。使用强大的加密算法对区块链中的数据进行加密，包括交易内容、参与者身份和其他敏感信息。这可以确保数据在传输和存储过程中的安全性。

（2）多重签名。采用多重签名机制，要求多个参与者共同签署交易，以增加交易的安全性和可靠性。这种机制可以防止单个私钥被泄露或滥用。

（3）权限和访问控制。实施细粒度的权限和访问控制机制，限制对区块链的读写权限。只有授权的参与者才能执行特定的操作，确保数据的完整性和安全性。

（4）智能合约审计和安全性评估。对智能合约进行审计和安全性评估，以发现潜在的漏洞和安全风险。通过对合约进行全面的代码审查和测试，可以减少智能合约的漏洞和风险。

（5）隐私保护技术。采用隐私保护技术，如环签名、同态加密、零知识证明等，保护交易参与者的身份和交易信息。这样可以实现匿名性和隐私保护，防止个人信息的泄露。

（6）安全的网络和节点。建立安全的网络基础设施，包括使用防火墙、入侵检测系统和安全认证机制来保护区块链节点与参与者免受恶意攻击及未经授权的访问。

（7）持续监测和响应。建立有效的监测和响应机制，及时检测和应对安全威胁。通过实时监测区块链网络和交易活动，可以快速发现异常行为并采取相应的措施。

上述解决方案可以提高区块链的安全性和隐私保护水平，但需要综合考虑具体的应用场景和需求，还要采取适当的组合措施来满足安全和隐私保护的要求。

4.4 区块链的可扩展性和性能问题及其应对策略

1. 区块链的可扩展性和性能问题

区块链的可扩展性和性能问题是在广泛应用区块链技术时需要解决的挑战。以下是一些常见的问题：

（1）交易吞吐量。公共区块链网络的交易吞吐量通常较低。这是由于每个交易都需要被网络中的节点验证和记录，导致网络处理能力有限。随着用户数量和交易量的增加，交易吞吐量的限制可能会成为一个瓶颈。

（2）交易确认时间。区块链的交易确认时间可能相对较长。在某些情况下，交易需要等待一定的时间才能被确认，这可能不适合需要实时交易确认的场景。延迟确认时间可能会对特定的应用带来不便或造成限制。

（3）存储需求。区块链网络中的每个节点都需要存储完整的区块链历史数据。随着区块链的增长，存储需求也会不断增加。这对于资源受限的节点或设备来说可能是一个挑战，尤其是在其参与公共区块链网络时。

（4）可扩展性。区块链系统需要能够扩展以应对高负载和大规模应用的需求。随着用户数量和交易量的增加，区块链网络需要具备良好的可扩展性，能够处理更多的参与者和交易，但不会出现性能下降或延迟的情况。

（5）链下处理。有些应用场景需要高性能和低延迟的处理，而公共区块链可能无法满足这些要求。在某些情况下，采用链下处理或侧链技术来处理部分交易或计算操作，可以提高系统的性能和效率。

上述可扩展性和性能问题是在区块链应用中需要关注和解决的关键问题，以提高区块链系统的适用性和实用性。

2. 区块链的可扩展性和性能问题的应对策略

区块链的可扩展性和性能问题一直是该领域的重要挑战。以下是应对这些问题的几种策略：

（1）分层架构。采用分层架构是提高可扩展性的一种常见策略。通过将区块链网络分为不同的层次，可以在每个层次上处理更多的交易和数据，从而提高整体系统的容量和吞吐量。例如，使用主链和侧链的组合，可以将某些交易或数据处理转移到侧链上，减轻主链的负担。

（2）共识算法的改进。共识算法是区块链网络中保证一致性和安全性的核心机制。传统的共识算法如Proof-of-Work（PoW）和Proof-of-Stake（PoS）在性能方面存在一些限制。因此，研究人员一直在改进共识算法，以提高吞吐量和扩展性。例如，一些新型共识算法如Proof-of-Activity（PoA）、Proof-of-Burn（PoB）和Practical Byzantine Fault Tolerance（PBFT）等被提出来，它们可以在保持安全性的同时提高性能。

（3）侧链和状态通道。侧链和状态通道是针对区块链可扩展性问题的有效解决方案。侧链是与主区块链平行存在的独立链，可以处理特定类型的交易或数据，减轻主链的负担。状态通道是通过在链外进行交易，并仅在必要时将最终结果提交到区块链上来提高性能。这些技术可以分担主链的负载，提高整体系统的可扩展性。

（4）分片技术。分片是将整个区块链网络分成多个较小的片段（Shard），每个片段可以独立地处理一部分交易和数据。分片技术可以提高整体系统的吞吐量和扩展性，因为每个片段可以并行处理交易，而不需要每个节点都处理所有的交易。分片技术需要强大的一致性协议和跨片段通信机制来确保安全性与一致性。

（5）优化智能合约。智能合约是区块链应用的核心组件，但复杂的智能合约可能会导致性能下降。通过对智能合约进行优化，如减少不必要的计算和存储操作，合理设计数据结构和算法等，这样可以改善系统性能并提高可扩展性。

除以上策略外，还有其他一些技术和方法可用于解决可扩展性与性能问题，如增加网络带宽、改进存储技术、采用缓存机制、引入快速同步技术等。

单元 5　数字孪生

数字孪生（图 2-10）和数字经济之间存在密切的联系。数字孪生是指通过数字技术创建的物理实体、过程或系统的虚拟模型。它是对真实世界中物体或系统的数字化复制，可以实时模拟、监测和分析。数字经济是指在数字化环境中进行的经济活动，涵盖了数字技术在生产、分配、交换和消费等各个环节的应用。

图 2-10　数字孪生

以下是数字孪生和数字经济之间的几个关联点：

（1）创新和优化。数字孪生可以为数字经济提供创新和优化的机会。通过对物理实体或过程进行数字建模和仿真，可以实现更高效、更智能的生产方式，提高资源利用效率和生产效率。这有助于数字经济的发展和提升竞争力。

（2）数据驱动的决策。数字孪生生成的模拟数据和实时数据可以用于数字经济中的决策制定。通过分析数字孪生和真实世界之间的数据差异，可以洞察潜在问题、发现改进机会，并基于这些信息做出更准确的商业决策。

（3）个性化和定制化。数字孪生为数字经济提供了个性化和定制化的潜力。通过对个体客户、产品或服务进行数字建模，可以实现个性化需求的满足和定制化的生产。这有助于提高客户满意度、创造更高附加值，并推动数字经济的多样化发展。

（4）数字孪生支持的技术。数字孪生和数字经济都受益于一些相同的关键技术，如物联网、人工智能、大数据分析和云计算等。这些技术为数字孪生的实施和数字经济的发展提供了基础和支持。

总之，数字孪生为数字经济提供了数字化转型和创新的基础。它们共同推动了数字技术的广泛应用，改变了经济活动的方式和模式，为企业和社会带来了更多的机会与挑战。

5.1 数字孪生的定义和核心技术

知识拓展：数字孪生

1. 数字孪生的定义

数字孪生是指通过数字技术创建的物理实体、过程或系统的虚拟模型。它是对真实世界中物体或系统的数字化复制，可以实时模拟、监测和分析。数字孪生的目标是以高度精确的方式模拟物理实体或过程的行为和性能，以便进行优化、决策支持和创新。

数字孪生通常由以下部分构成：

（1）数字建模。使用计算机辅助设计和其他数字建模工具，将物理实体的几何形状、结构和特征转换为数字表示。数字建模包括使用三维建模技术创建虚拟对象、捕捉物体的外观和内部结构。

（2）传感器数据。通过物联网和传感器技术，收集物理实体或过程的实时数据。这些数据可以包括温度、压力、速度、位置等各种参数，用于更新数字孪生模型并反映真实世界的状态。

（3）实时仿真。使用数字孪生模型和收集到的数据进行实时仿真与模拟。可以通过模型与真实世界进行对比，分析和预测物理实体的行为、性能与响应。

（4）数据分析和优化。基于数字孪生模型和实时数据，进行数据分析和优化。数据分析和优化包括利用数据分析算法与机器学习技术，发现潜在问题、改进机会，并提出优化方案。

数字孪生的应用范围广泛，涵盖了制造业、能源领域、城市规划、物流和供应链管理等多个领域。通过数字孪生，人们可以更好地理解和管理复杂的物理系统，实现资源优化、效率提升和创新发展。

2. 数字孪生的核心技术

数字孪生是一种将实体物理系统或过程与其数字化模型相结合的技术。其核心技术包括以下几个方面：

（1）传感器和数据采集。数字孪生需要从实体系统中获取数据以构建其数字模型。传感器用于收集各种类型的数据，如温度、压力、湿度、位置等。这些传感器可以是物理传感器，也可以是虚拟传感器，通过模型和算法来模拟实际传感器的功能。

（2）数据融合和处理。从传感器中获取的数据可能是来自不同源的多个数据流。数据融合技术用于将这些数据流整合在一起，并进行预处理和清洗，以提高数据的质量和可用性。这包括数据校准、去噪、滤波、插值等处理步骤。

（3）数学建模和仿真。数字孪生的核心是创建一个与实体系统行为相匹配的数字模型。数学建模技术用于将实体系统的物理特性和行为转化为数学方程或模型。这些模型可以是基于物理原理的物理模型，也可以是基于数据驱动的统计模型。仿真技术可以使用这些数学模型来模拟实体系统的行为，并生成预测结果。

（4）实时数据更新和反馈控制。数字孪生需要保持与实际系统的同步，并进行实时数据更新。这涉及实时数据采集、数据传输、数据存储和处理的技术。反馈控制技术允许数字孪生与实体系统进行交互，并根据实时数据进行调整和优化。

（5）可视化和用户界面。数字孪生需要提供可视化界面，以便用户可以直观地理解和分析数字模型的结果。可视化的用户界面包括使用图表、图形、动画等方式来呈现数据和模拟结果。用户界面的设计应该符合用户需求，并提供交互和操作数字孪生系统的功能。

综上所述，数字孪生的核心技术涵盖了传感器和数据采集、数据融合和处理、数学建模和仿真、实时数据更新和反馈控制，以及可视化和用户界面等方面。这些技术相互协作，使数字孪生能够准确地模拟和预测实体系统的行为，并支持决策和优化过程。

5.2 数字孪生在制造业、物流和城市规划中的应用

1. 数字孪生在制造业中的应用

数字孪生在制造业中有广泛的应用，可以帮助企业提高生产效率、优化产品设计和改进维护过程。以下是数字孪生在制造业中的几个应用领域：

（1）生产优化。数字孪生可以模拟和分析制造过程，帮助企业识别瓶颈、优化工艺和改进生产效率。通过数字孪生，企业可以预测生产线的性能，并进行仿真实验以测试不同的生产策略和方案，从而找到最佳的生产调度和优化方案。

（2）产品设计和开发。数字孪生可以在产品设计阶段使用，帮助企业优化产品设计、验证产品性能和功能，并提前解决潜在问题。通过将数字孪生与计算机辅助设计和计算机辅助工程工具相结合，企业可以更快速地进行设计迭代和优化，减少开发时间和成本。

（3）故障诊断和维护。数字孪生可以监测和诊断实际设备或系统的运行状态，并预测潜在故障。它可以通过与实际设备的实时数据进行比对，识别异常行为和趋势，提前发现潜在故障，并进行维护预测。这有助于企业实现预防性维护，减少停机时间和降低维护成本。

（4）基于场景的培训和仿真。数字孪生可以提供一个虚拟的训练环境，帮助员工进行培训和仿真。通过数字孪生，员工可以在虚拟环境中进行操作和实践，学习和熟悉实际设备和流程，从而提高工作技能和操作效率。

（5）供应链优化。数字孪生可以模拟整个供应链网络，包括原材料采购、生产计划、库存管理和物流运输等环节。通过数字孪生，企业可以实时监测供应链各个环节的状态和性能，并进行优化决策，以增强供应链的可靠性、灵活性，以及提高效率。

总而言之，数字孪生在制造业中的应用可以帮助企业实现生产优化、产品设计和开发

的加速、故障诊断和维护的改进、基于场景的培训和仿真，以及供应链优化等目标。它提供了虚拟的试验和分析平台，帮助企业更好地理解和管理实体系统，提高企业效率。

2. 数字孪生在物流行业中的应用

数字孪生在物流行业中也有广泛的应用，可以提高供应链的可见性、效率和响应能力。以下是数字孪生在物流行业中的几个应用领域：

（1）路线优化和货物追踪。数字孪生可以帮助物流企业优化货物运输路线和交通规划，以提高运输效率和减少成本。通过数字孪生，企业可以模拟不同的路线和交通状况，预测运输时间和成本，并做出最佳决策。另外，数字孪生还可以实时追踪货物的位置和状态，提供可视化的跟踪和监控。

（2）仓库和库存管理。数字孪生可以用于优化仓库布局和库存管理。通过数字孪生，企业可以模拟和优化仓库内部的物流流程、货物存储和取货过程，以提高仓库的空间利用率和操作效率。数字孪生还可以与实际仓库管理系统集成，实时监测库存水平、预测需求，并进行智能的库存优化和补货决策。

（3）货运计划和调度。数字孪生可以帮助物流企业进行货运计划和调度的优化。通过数字孪生，企业可以模拟不同的货运需求、运输工具可用性和人力资源情况，以生成最佳的货运计划和调度方案。数字孪生可以考虑各种因素，如交通状况、货物优先级、运输成本等，以提供高效的货运计划。

（4）风险管理和应急响应。数字孪生可以用于物流行业的风险管理和应急响应。通过数字孪生，企业可以模拟和评估各种风险情景，如自然灾害、交通事故、供应链中断等，并制定相应的应急预案和响应策略。数字孪生可以帮助企业减少潜在风险的影响，并提高应急响应的速度和效果。

（5）可视化和决策支持。数字孪生可以提供物流供应链的可视化和决策支持。通过数字孪生，企业可以实时监测供应链各个环节的状态和性能，并以可视化的方式呈现给用户。这使用户可以更好地理解供应链的运作，并进行决策分析和优化。数字孪生可以提供实时的数据和模拟结果，这可以帮助企业进行供应链的决策。

（6）费用管理和效率优化。数字孪生可以帮助物流企业管理和优化运输成本和费用。通过数字孪生，企业可以模拟和分析不同的运输方案、运输工具的利用率及运输路径的选择，以降低运输成本。数字孪生还可以监测和分析物流过程中的各种费用，如运输费用、仓储费用、人力成本等，并提供决策支持，以优化费用管理方法。

（7）环境可持续性。数字孪生可以帮助物流企业实现环境可持续性目标。通过数字孪生，企业可以模拟和评估不同的运输方式与策略对环境的影响，如碳排放、能源消耗等。基于模拟结果，企业可以制定可持续的运输计划和策略减少环境影响，并向人们提供可持续发展报告和指标。

（8）客户体验和服务水平。数字孪生可以帮助物流企业提升客户体验和服务水平。

通过数字孪生，企业可以模拟和优化客户订单处理流程，以及货物的追踪和交付过程，以提供更准确、及时的物流服务。数字孪生还可以模拟和评估不同服务水平的影响，并为客户提供个性化的物流解决方案。

（9）合规管理。数字孪生可以用于物流企业的合规管理。通过数字孪生，企业可以模拟和分析不同的合规要求和政策，如运输安全、海关规定等，并确保物流过程符合法规要求。数字孪生可以监测和识别潜在的合规风险，并提供合规性评估和决策支持。

（10）数据分析和预测。数字孪生可以利用大数据分析和机器学习技术，对物流数据进行处理和分析，提供预测和洞察。通过数字孪生，企业可以实时监测和分析物流数据，如运输时效、客户需求、货物流向等，并提供预测和决策支持，以改进供应链效率和客户满意度。

综上所述，数字孪生在物流行业中的应用可以帮助企业优化路线、仓库和库存管理，改善货运计划和调度，管理风险和应急响应，提供可视化和决策支持，优化费用管理和环境可持续性，提升客户体验和服务水平，实现合规管理，并进行数据分析和预测。

3. 数字孪生在城市规划中的应用

数字孪生在城市规划中的应用越来越重要，它可以帮助城市规划者和决策者进行可持续城市发展与智慧城市建设。以下是数字孪生在城市规划中的几个应用领域：

（1）城市建模和可视化。数字孪生可以用于创建城市的虚拟模型和可视化环境，包括建筑物、道路、交通、绿地等要素。通过数字孪生，规划者可以在虚拟环境中对城市进行模拟和实验，评估不同规划方案和政策的影响，并进行可视化展示，以帮助公众理解和参与城市规划过程。

（2）城市交通规划和流量优化。数字孪生可以模拟和优化城市交通系统，帮助规划者制定更高效、可持续的交通规划和流量管理策略。通过数字孪生，规划者可以模拟交通流量、优化交通信号配时、评估交通拥堵情况，并提出改善方案，以提高交通效率和减少排放。

（3）城市设施规划和资源管理。数字孪生可以帮助规划者进行城市设施规划和资源管理。通过数字孪生，规划者可以模拟城市设施的布局和使用情况，如供水系统、电力网络、垃圾处理设施等。数字孪生还可以集成实时数据和传感器信息，实现智能的设施管理和资源优化，提高城市的可持续性和效率。

（4）环境评估和可持续发展。数字孪生可以用于评估城市规划对环境的影响，帮助规划者制定可持续发展策略。通过数字孪生，规划者可以模拟和评估不同规划方案对空气质量、能源消耗、碳排放等环境指标的影响，并提出相应的改进措施。数字孪生可以帮助规划者量化可持续发展目标的实现情况，并进行环境影响评估和监测。

（5）社会参与和决策支持。数字孪生可以促进公众参与城市规划过程，并提供决策支持工具。通过数字孪生，规划者可以与公众分享城市模型和规划方案，收集意见和反馈，以便更好地满足居民的需求。数字孪生还可以提供决策支持工具，帮助规划者分析不同规划方案的影响和潜在问题，以做出更明智的决策。

（6）应急规划和风险管理。数字孪生可以用于城市的应急规划和风险管理。通过数字孪生，规划者可以模拟和评估城市在灾害事件或紧急情况下的响应能力，包括人员疏散、资源调度、应急设施利用等。数字孪生可以帮助规划者优化城市的应急预案和资源分配，提高城市的抗灾能力和紧急响应效率。

（7）城市更新和重建。数字孪生可以支持城市的更新和重建过程。通过数字孪生，规划者可以模拟和评估城市更新项目的影响，如土地利用变化、建筑物改造、交通系统调整等。数字孪生可以帮助规划者预测城市更新项目的成本和效益，优化项目规划和实施策略，并减少潜在的社会、经济和环境影响。

（8）可持续交通规划和出行模式优化。数字孪生可以支持可持续交通规划和出行模式优化。通过数字孪生，规划者可以模拟和评估不同的出行模式，如公共交通、步行和骑行等，以提高城市的交通效率和减少对环境的影响。数字孪生可以帮助规划者制定交通规划策略，以改善交通流量和减少交通拥堵。

（9）城市空间规划和景观设计。数字孪生可用于城市空间规划和景观设计。通过数字孪生，规划者可以模拟和优化城市空间的布局、绿地设计、公共空间规划等，以提高城市的美观性、可访问性和居民的生活质量。数字孪生可以帮助规划者可视化不同规划方案的效果，并进行多维度的评估和决策支持。

综上所述，数字孪生在城市规划中的应用涵盖了城市建模与可视化、城市交通规划与流量优化、设施规划与资源管理、环境评估与可持续发展、社会参与与决策支持、应急规划与风险管理、城市更新与重建、可持续交通规划与出行模式优化，以及城市空间规划和景观设计等多个领域。数字孪生为城市规划者提供了强大的工具和平台，可以更全面、精确地理解城市系统的运行和影响因素，优化规划决策，并实现可持续、智慧、宜居的城市发展目标。同时，数字孪生也能够促进公众参与和透明度，使城市规划过程更加开放和民主。随着技术的不断发展和应用的深入，数字孪生将在城市规划中扮演越来越重要的角色，从而为城市的可持续发展和智慧化提供有力支持。

5.3 数字孪生的数据隐私和知识产权保护问题及解决方案

1. 数字孪生的数据隐私和知识产权保护问题

数字孪生的应用确实引发了一些数据隐私和知识产权保护的问题。人们在数字孪生的开发和使用过程中，需要考虑以下问题：

（1）数据隐私。数字孪生需要使用大量的数据来构建和模拟虚拟环境。这些数据可能包含个人身份信息、地理位置信息和交易数据等敏感信息。因此，在使用和共享数据时，必须确保数据隐私得到充分保护。企业和组织应遵循相关的数据保护法律和隐私规定，采取适当的技术和安全措施来保护数据的安全与隐私。

（2）数据采集和使用权限。在数字孪生的建立过程中，需要采集和使用各种数据，包括来自传感器、设备和第三方数据源的信息。在数据采集和使用方面，必须确保获得合法的授权和许可，遵守相关的数据保护法律和隐私规定。另外，应明确数据的使用目的，并仅在合法的范围内使用数据。

（3）数据共享和访问控制。数字孪生可能涉及多个参与方之间的数据共享和访问。在共享数据时，需要确保适当的访问控制和权限管理机制，以防止未经授权的数据访问和滥用。合同和协议应明确数据共享的范围、目的和使用限制，并确保参与方都能遵守相应的保密义务。

（4）知识产权保护。数字孪生涉及建模、模拟和虚拟环境的创建，这就涉及知识产权的保护。在数字孪生项目中，应明确各方之间的知识产权归属和保护措施，并签署相关的协议和合同来确保知识产权的合法使用和保护。

（5）匿名化和数据脱敏。为了保护数据隐私，可以采取匿名化和数据脱敏等技术手段，以降低个人识别风险。匿名化和数据脱敏是将个人身份信息和敏感信息转化为无法识别特定个体的形式，从而保护数据隐私。

（6）法律合规性。在数字孪生的数据使用和共享过程中，人们必须遵守相关的法律、法规和合规要求。企业和组织应了解与遵守适用的数据保护法律、隐私规定及知识产权法律。

（7）数据安全和加密。数字孪生涉及处理大量敏感数据，因此，数据安全至关重要。采取适当的数据加密和安全措施可以保护数据免受未经授权的访问和窃取。使用强密码、访问控制和加密技术，确保数据在传输和存储过程中得到保护。

（8）合同和协议。在数字孪生项目中，合同和协议的签订对于保护数据隐私和知识产权至关重要。合同应明确参与方之间的责任和义务，包括数据使用和共享的限制、数据隐私保护措施及知识产权的归属等方面。

（9）透明度和公众参与。数字孪生在城市规划等领域的应用中，可能涉及公众和利益相关者的数据和意见。在数据使用和决策制定过程中，应提供透明度，并鼓励公众参与。确保公众对数据使用和隐私保护措施有清晰的认识，并允许他们参与决策过程。

（10）更新和监管。随着技术和法规的发展，数字孪生的数据隐私和知识产权保护问题也在不断演变。因此，持续更新和监管是必要的。企业和组织应密切关注相关的法律、法规变化，采取相应的措施来保护数据隐私和知识产权。

综上所述，数字孪生的应用需要综合考虑数据隐私和知识产权保护等重要问题。采取合适的技术和措施来保护数据隐私，明确数据使用和共享的权限与限制，以及确保合规性和透明度就可以有效解决这些问题，促进数字孪生的可持续发展。

2. 数字孪生的数据隐私和知识产权保护问题的解决策略

对于数字孪生的数据隐私和知识产权保护问题，以下是一些解决策略：

（1）数据分类和分级。对数字孪生数据进行分类和分级，根据敏感程度和隐私风险进行评估。确保高度敏感和个人识别信息的数据受到更严格的保护措施，限制访问和使用权限。

（2）数据匿名化和脱敏。采用适当的匿名化和脱敏技术，将个人身份信息和敏感数据转化为无法识别特定个体的形式。其可以通过去标识化、数据加密和数据聚合等手段实现，降低数据的敏感性和识别风险。

（3）访问控制和权限管理。建立严格的访问控制和权限管理机制，确保只有经过授权的人员能够访问和处理数据。采用身份验证、强密码策略、多因素身份验证等措施来限制数据的访问范围和操作权限。

（4）数据安全和加密。采用数据安全和加密技术，保护数据的机密性和完整性。使用加密算法和安全传输协议，确保数据在传输和存储过程中得到保护，防止未经授权的访问和窃取。

（5）合同和协议。制定明确的合同和协议，明确各方在数据使用和共享过程中的权利和责任。包括数据隐私保护措施、知识产权的归属和保护等方面，确保数据的合法使用和知识产权的合规保护。

（6）教育和培训。加强相关人员的教育和培训，提高他们对数据隐私和知识产权保护的意识与理解。培养员工遵守数据保护政策和最佳实践，正确处理和共享数据，防止数据泄露和知识产权侵权。

（7）监测和审计。建立数据使用和共享的监测与审计机制，跟踪数据的访问和使用活动。定期进行安全审计，发现潜在的安全漏洞和违规行为，并及时采取措施进行纠正和改进。

（8）法律合规性。遵守适用的数据保护法律和隐私规定，确保数字孪生的数据处理和共享符合法律要求。了解并遵守知识产权法律，保护数字孪生中涉及的知识产权。

（9）匿名数据共享。在某些情况下，可以将数字孪生数据进行匿名化处理后进行共享，以保护个人隐私和敏感信息。这样可以在一定程度上降低数据的风险，同时促进数据的共享和合作。

（10）安全意识培训。开展针对数字孪生数据隐私和知识产权保护的安全意识培训，提高相关人员的安全意识和保护意识。培训包括识别和防止数据泄露行为，以及处理敏感数据的注意事项和知识产权的保护等内容。

（11）委托第三方审查。对数字孪生数据的隐私和知识产权保护进行独立的第三方审查，确保符合相关标准和最佳实践。第三方审查可以帮助发现潜在的漏洞和风险，并提供改进建议。

（12）监管和监管机构合作。与监管机构合作，制定相关政策和法律法规，确保数字孪生数据的隐私和知识产权保护得到监管与管理。加强与相关部门的合作，共同解决数据隐私和知识产权保护的问题。

综上所述，数字孪生的数据隐私和知识产权保护问题需要综合运用技术手段、法律法规和组织管理等方面的策略。这些策略可以帮助降低数据泄露和滥用的风险，从而保护个人隐私和知识产权。

5.4　数字孪生的未来发展趋势及其对数字经济的影响

1. 数字孪生的未来发展趋势

数字孪生作为一种先进的技术和方法，未来有望在多个领域继续发展和应用。以下是数字孪生未来发展的一些趋势：

（1）跨行业应用扩展。数字孪生将逐渐应用于更多的行业和领域，如能源、医疗、农业、零售等。不同行业的数字孪生将模拟和优化各自的物理实体与系统，以提高效率、降低成本和风险。

（2）智能物联网的融合。数字孪生与物联网技术的结合将产生更大的影响力。通过与物联网设备的连接，数字孪生可以实时获取传感器数据，并根据这些数据进行模拟和优化。这将提供更准确的反馈和决策支持，以实现更智能化和自动化的系统运行。

（3）强化的人机交互。数字孪生将借助虚拟现实、增强现实和混合现实等技术，提供更加沉浸式和交互性的用户体验。人们可以通过可视化界面和虚拟环境与数字孪生进行互动，观察和操纵物理实体的行为，从而更好地理解和管理系统。

（4）人工智能与机器学习的进一步整合。数字孪生将更深度地融合人工智能和机器学习技术。通过利用大数据和算法，数字孪生可以不断学习和优化模型，实现更准确地预测和决策。人工智能技术还可以帮助数字孪生识别和解决潜在问题，并提供个性化的解决方案。

（5）可持续发展的应用。数字孪生有助于优化资源利用、减少能源消耗和环境影响。在未来，数字孪生将在可持续发展领域发挥更大的作用，如智能城市规划、能源管理、废物处理等。它可以通过模拟和优化系统运行，促进可持续性和环保。

上述趋势展示了数字孪生未来的发展方向。然而，随着技术的不断演进和应用的推进，还会出现新的趋势和突破。数字孪生作为一项前沿技术，将持续为各个行业和领域带来创新和改变。

2. 数字孪生对数字经济的影响

数字孪生是指利用数字技术在虚拟环境中创建物理实体的数字副本。数字经济是指以数字技术为基础，数字化生产、交流和交易的经济形态。数字孪生对数字经济有着重要的影响，主要体现在以下几个方面：

（1）产品设计与制造优化。数字孪生可以模拟和优化产品的设计与制造过程。通过将实体产品与其数字副本相连接，可以实时监测和分析产品的运行状态、性能和效率，并基于这些数据进行改进和优化。这有助于提高产品质量和生产效率，推动数字经济中的智能制造和定制化生产。

（2）运营与维护优化。数字孪生可以对设备、工厂或城市基础设施进行实时监测和仿真模拟。通过收集和分析大量的传感器数据，可以预测设备的故障、优化运行参数和制定有效的维护计划。其有助于提高设备的可靠性和可用性，降低维护成本，并实现数字经济中的智能运营和可持续发展。

（3）数据驱动的决策支持。数字孪生提供了丰富的实时数据和模拟分析，为决策者提供了更准确、全面的信息支持。基于数字孪生技术，可以进行场景模拟、预测分析和决策优化，帮助企业和政府制定更科学、有效的战略和政策，推动数字经济的创新和发展。

（4）服务与用户体验优化。数字孪生可以通过对用户行为和需求进行模拟与分析，优化产品和服务的交互设计、个性化定制与用户体验。通过数字孪生技术，企业可以更好地理解和满足用户的需求，提供个性化的产品和服务，促进数字经济中的在线购物、在线娱乐和数字化服务的发展。

总体而言，数字孪生的出现和应用促进了数字经济的发展与转型。它通过提供实时数据、模拟分析和智能决策支持来推动生产制造、运营管理、决策支持和用户体验的优化与升级，从而为数字经济注入更多的创新动力。

思考与实训

1. 数字通用技术的主要类型有哪些？
2. 简述数据价值链的价值创造过程和数据组合创新的基本特征。
3. 简述数字化技术的主要形式。

MODULE 3

模块3 数字经济与传统产业的融合

名人名言

书本与电脑很重要，但书本与电脑种不出水稻！

——袁隆平

学习目标

知识目标：

通过学习本模块，掌握数字产业的内涵和主要特征，以及数字技术产业业态。

技能目标：

能够分析数字技术对商业模式的影响。

素养目标：

了解和立足新发展阶段，形成新发展理念，构建新发展格局 。

模块导入

互联网盛宴之后

当前，我国数字经济发展要深入贯彻落实“三新一高”战略，数字经济高质量发展有利于推动构建新发展格局，有利于推动建设现代化经济体系，有利于推动构筑国家竞争新优势。核心技术是数字经济发展的“制高点”，也是科技企业发展面临的新机遇。产业数字化不仅直接影响着企业的生产决策和组织管理，还是重塑产业间竞争协作关系与价值链分工增值的主要路径。

百度在互联网飞速发展的时代用搜索技术创造了中国互联网企业发展的奇迹。百度天生具有技术创新基因，对前沿技术总是具有高度敏感性。在生产环节，数字技术与实体产业的融合有利于化解传统行业普遍面临传统红利衰减的约束。通过扩大数据要素的投入，优化生产组织决策，化解要素错配、产能过剩等问题。同时，通过提升产品制造过程的自动化和智能化水平，降低研发和制造成本，提高生产效率。

更重要的是数字技术的高渗透性特征有利于打通产业链各环节的连接，形成上下游企业的协同关系，实现价值增值和创造。其次，在流通环节，数字化有助于提升物流、仓储效率。依托互联网平台可以实现产用结合，供需灵活，弹性对接，从而降低企业的仓储、营销成本。最后，在消费环节，数字科技的广泛应用和消费需求的变革催生了共享经济、平台经济、互联网经济等新业态、新模式。

大数据与平台经济等可以帮助企业实现精准化营销、个性化服务，实现商业模式的创新和变革。

中国一重的数字化转型：中国一重是一家涉及重大成套技术装备的中央企业，主要为钢铁、电力、能源、汽车、矿山、石化、交通运输等行业及国防军工提供重大成套技术装备、高新技术产品和康务。为化解炼钢、铸造、锻造、热处理、焊接、机加、装配等生产环节、零件用品、小单件等难以组织量化作业。中国一重进行了以下数字化转型探索与实践：

（1）建设基础数字化技术平台。中国一重采用模块化技术建设新的数据中心，提高各项数据的处理能力和效率。建设中国一重私有云平台，利用虚拟化、云计算等技术支撑公司核心业务稳定运行。通过与大连基地实现数据级异地容灾，保证数据安全。开展5G应用，实现5G高清视频监控、车间环境信息采集、车间试点机床联网。

（2）开展业务系统平台化整合。中国一重通过整合业务系统，建设敏捷化辅助决策、精益化运营管控、数字化产品开发、智能化制造执行、集成化基础应用五大平台，改造完成财务、营销、采购、物流、人力资源等19个主营业务系统，解决了信息孤岛、数据壁垒、资源分散等问题，实现了数据相通和资源共享，支撑了集团管理数字化。

（3）建设数字化车间并发挥示范作用。中国一重以智能制造为主攻方向，选取专项产品为试点，通过应用三维工艺设计、柔性制造、智能仓储物流、大数据分析等技术，打造集工艺优化、仓储物流智能化、生产管理透明化和精益化的数字化机械加工装备车间，优化设计、工艺、制造、物流、自动加工、装配、质检等整个业务流程的资源利用，生产管理及服务的精细化水平显著提升；以建设具备国际核心竞争力的大型铸锻件生产基地为目标，实现大型铸锻件生产基地为目标，实现大型铸件冶炼装备现代化、操作自动化、工艺智能化、管理信息化；以转子、轧辊等大型回转型铸锻件生产线为试点完成了数字化车间建设，实现了设备管控、能耗等数据采集与分析。

单元 1　数字经济与制造业的融合

数字经济与制造业的融合是指将数字技术和互联网应用于制造业的各个环节，以提升制造业的效率、灵活性和创新能力。这种融合可以通过以下几个方面实现：

（1）智能制造业（图 3-1）。数字技术如物联网、大数据分析和人工智能可以应用于制造过程中的各个环节，实现智能化和自动化生产。通过传感器和互联网连接，可以实现设备之间的数据交换和协同工作，提高生产效率和产品质量。

图 3-1　智能制造业

（2）虚拟现实和增强现实。虚拟现实和增强现实技术可以在制造业中应用于培训、设计和维修等领域。通过虚拟现实技术，员工可以进行逼真的模拟训练，提高操作技能和安全性；增强现实技术可以在现实环境中叠加数字信息，提供实时指导和支持。

（3）数据驱动的决策。制造业的数字化转型产生了大量的数据，这些数据可以通过分析和挖掘揭示潜在的业务洞察。制造企业可以利用数据分析来改善供应链管理、预测需求、优化生产计划和改进产品设计，从而做出更准确和有利的决策。

（4）供应链数字化。数字技术可以促进供应链的透明度和协同。通过物联网传感器、区块链和数据共享平台，制造企业可以实时监测物流和库存情况，提高供应链的可见性和响应速度。数字技术还可以促进供应链各个环节的协同合作，实现更高效的供应链管理。

（5）客户参与和个性化生产。数字经济的发展使企业与客户之间的互动更加紧密。例如，制造企业可以通过数字平台与客户进行交互，了解其需求和反馈，进而实现个性化生产和定制化服务。通过数字技术，企业可以更好地满足客户需求，提高客户的满意度和市场竞争力。

数字经济与制造业的融合为制造企业带来了许多机遇，但同时也面临挑战，例如，数据安全和隐私保护、人才培养和组织变革等方面。因此，企业需要在技术、人才和战略层面上做好准备，以顺利实现数字经济与制造业的融合。

1.1 数字化生产

数字化生产是指利用数字技术和信息系统来实现生产过程的自动化、智能化和优化化。通过数字化生产，制造企业可以提高生产效率、降低成本、优化资源利用和提高产品质量。以下是数字化生产的一些关键方面：

知识拓展：了解数字化生产

（1）自动化生产。数字化生产通过自动化技术实现生产过程的自动执行。例如，利用传感器、机器人和自动化设备，可以实现物料搬运、装配、加工和包装等环节的自动化。可以减少人为干预，提高生产效率和一致性。

（2）生产过程监控和控制。通过数字化技术，制造企业可以实时监控和控制生产过程中的各个环节。传感器和数据采集系统可以收集设备运行状态、温度、压力等数据，然后通过数据分析和实时反馈，实现对生产过程的监控和调整。这样可以及时发现和解决生产中的问题，提高生产效率和质量。

（3）数据驱动的决策。数字化生产产生了大量的数据，这些数据可以用于生产过程的优化和决策的支持。通过数据分析和建模，制造企业可以识别生产过程中的瓶颈、优化生产计划、预测设备故障等。这样，企业就可以做出更准确和有效的决策，提高生产效率并增加灵活性。

（4）虚拟仿真和优化。数字化生产可以利用虚拟仿真技术来模拟和优化生产过程。通过建立数学模型和仿真平台，可以进行生产线布局优化、工艺参数优化、物料流程优化等工作。这样可以在实际投入大量资源之前，通过仿真和优化来提高生产效率与质量。

（5）协同和联网。数字化生产可以实现不同生产环节之间的协同和联网。通过物联网技术和数据共享平台，不同设备和部门可以实时共享数据与信息，实现生产过程的协同工作。这样可以提高生产计划的响应速度，减少信息传递的误差。

数字化生产对制造企业来说是一项重要的发展方向，可以提高竞争力、降低成本、增加灵活性和满足个性化需求。然而，实施数字化生产也面临一些挑战，如技术投入、组织变革和数据安全。

1.2 智能制造

智能制造是数字化生产的一种重要形式，它利用先进的信息技术和智能化设备，实现制造过程的自动化、智能化和灵活化。智能制造通过数字化技术、物联网、人工智能和大数据分析等手段，将生产设备、生产线和供应链等各个环节进行集成与优化，以实现高效、可持续和个性化的制造。

以下是智能制造的一些关键特点和应用：

（1）自适应生产。智能制造可以实现生产过程的自适应和灵活调整。通过实时监测和数据分析，智能制造系统可以根据市场需求和生产条件进行自动调整与优化，以满足个性化的需求并提高生产效率。

（2）智能设备和机器人。智能制造利用先进的机器人和自动化设备，实现生产过程的自动化和智能化。例如，智能机器人可以在生产线上执行复杂的装配和加工任务，提高生产效率和质量。智能设备可以通过传感器和互联网连接，实现设备之间的数据交换和协同工作。

（3）数据驱动的决策。智能制造依靠数据的采集、分析和应用，支持决策的智能化和精准化。通过大数据分析和机器学习算法，智能制造系统可以识别生产过程中的问题和优化机会，并为决策者提供准确的业务洞察和决策支持。

（4）虚拟仿真和优化。智能制造可以利用虚拟仿真技术来模拟和优化生产过程。通过建立数学模型和仿真平台，可以进行生产线布局优化、工艺参数优化、物料流程优化等工作，以实现生产效率和质量的提升。

（5）智能供应链。智能制造强调供应链的智能化和协同化。通过物联网技术和数据共享平台，智能制造可以实现供应链各个环节的实时监控和协同工作，包括供应商管理、库存控制、生产计划和物流管理等，以提高供应链的可见性和响应速度。

智能制造的实施需要企业进行全面的规划和准备，包括技术投入、组织变革、人才培养和安全保障等方面。同时，政府和行业组织也需要提供支持与引导，制定相关政策和标准，从而促进智能制造的发展。

单元 2　数字经济与服务业的融合

2.1　线上服务

数字经济与服务业的融合是指利用数字技术和互联网平台，将传统的线下服务转化为线上形式，以提供更便捷、高效和个性化的服务。以下是线上服务的一些关键方面：

（1）在线预订和交易。通过线上平台，用户可以方便地进行预订和交易。例如，餐饮行业的在线订餐平台和酒店行业的在线预订平台，使用户可以通过手机或电脑预订餐厅或酒店，选择菜单或房间，并进行在线支付。

（2）远程咨询和服务。线上服务提供了远程咨询和服务的机会。例如，医疗行业可以通过在线医生咨询平台，医生和患者可以进行远程咨询和诊断，减少就医的时间和成本。此外，教育、法律、咨询等行业也可以通过线上平台提供远程咨询和服务。

（3）电子商务和物流配送。线上服务推动了电子商务的发展。用户可以通过电子商务平台购买商品，并通过线上支付和物流配送实现商品的送达。电子商务平台还提供了用户评价和推荐系统，帮助用户选择合适的商品。

（4）个性化推荐和定制化服务。线上服务通过用户数据的分析和算法的应用，可以实现个性化的推荐和定制化的服务。例如，音乐和视频流媒体平台通过分析用户的喜好与历史行为，向用户推荐个性化的音乐和视频内容。在线购物平台也可以根据用户的购买历史和兴趣，提供个性化的商品推荐。

（5）社交和互动体验。线上服务通过社交媒体和在线社区，提供了社交和互动的体验。用户可以通过社交媒体平台与朋友、家人和其他用户进行实时的交流与分享。在线社区也提供了用户之间的互动和知识共享的平台。

线上服务的发展为服务业带来了新的机遇和挑战。企业需要关注用户体验、数据安全和隐私保护等方面；同时，也需要与相关的技术提供商和平台合作，共同推动线上服务的创新和发展。政府和监管机构也需要制定相关的政策和法规，以促进线上服务的健康发展。

2.2 线下服务

数字经济与服务业的融合不仅仅局限于线上服务，其在线下服务中也扮演着重要的角色。虽然线下服务无法通过互联网直接提供，但数字技术的应用可以增强线下服务的效率、便利性和个性化。以下是线下服务的一些关键方面：

（1）数据驱动的服务优化。通过数字技术的应用，线下服务提供商可以收集和分析大量的数据，了解客户需求和行为模式。这些数据可以用于优化服务流程、提高服务质量和个性化服务。例如，零售商可以通过顾客的购买历史和偏好数据进行定制化的产品推荐与促销活动。

（2）移动支付和电子化交易。移动支付技术的普及使线下服务的支付更加便捷和高效。用户可以通过扫码的方式完成对线下服务的付费，不必使用现金或刷卡支付。这种电子化的交易方式减少了支付的时间和纸质交易凭证的使用，提升了支付的便利性和安全性。

（3）虚拟现实和增强现实技术。虚拟现实和增强现实技术的应用为线下服务提供了新的交互和体验方式。例如，虚拟试衣间可以让顾客通过虚拟现实技术在不同款式的衣服中选择合适的款式和规格。增强现实技术可以在线下零售店中提供实时的产品信息和推荐，增强顾客的购物体验。

（4）无人化服务和自助设备。数字技术的应用使得部分线下服务可以实现无人化和自助化。例如，自助结账台可以减少顾客排队等待时间，自助取票机可以提供方便的票务服务。这些自助设备通过自动化和数字化的方式提供服务，提高了服务效率和用户体验。

（5）服务平台和在线预约。线下服务提供商可以通过在线服务平台提供预约和排队管理等功能。用户可以通过手机或计算机预约服务时间，避免长时间等待。同时，服务提供商也可以通过平台管理服务资源，提高资源利用效率。

线下服务的数字化和智能化可以提高服务的效率、便捷性与个性化，满足消费者日益增长的需求。然而，数字化线下服务也需要考虑数据隐私、安全性和用户接受度等问题。企业需要投入资金和资源来实施相关技术与系统，并确保系统的数字经济与服务业的融合不仅用于线上服务，也可用于线下服务。

单元 3　数字经济与金融业的融合

3.1　金融科技的发展历程

金融科技（Financial Technology，FinTech），是指利用先进的科技手段和数字化工具来改进与创新金融服务的领域。金融科技的发展历程可以分为以下几个阶段：

（1）前期阶段（2005 年前）。在这个阶段，金融科技主要集中在电子支付和电子银行业务方面。随着互联网的普及和电子支付工具的出现，如网上银行和电子钱包，消费者可以更便捷地进行支付和银行服务。

（2）创新阶段（2005—2010 年）。在这个阶段，金融科技开始涉及更广泛的领域，包括移动支付、云计算和大数据分析等。

（3）成熟阶段（2010—2015 年）。在这个阶段，金融科技开始在传统金融业务中发挥更大的作用。金融科技公司开始提供更多的金融服务创新，如在线投资平台、数字货币和区块链技术等。这些创新引起了金融行业的广泛关注，传统金融机构也开始与金融科技公司合作或自主开展创新项目。

（4）整合阶段（2015 年至今）。随着金融科技的发展和应用的不断成熟，传统金融机构逐渐意识到数字化转型的重要性，并开始加大对金融科技的投资和合作。金融科技公司与传统金融机构之间的合作日益密切，共同推动金融服务的创新和数字化转型。同时，监管机构也开始出台相关政策和规定，促进金融科技的发展和监管。

在金融科技的发展过程中，一些关键技术和概念也得到了广泛应用，如人工智能、大数据分析、区块链和云计算等。这些技术的应用使金融服务更加高效、便捷和安全，并为金融创新提供了新的可能性。同时，金融科技的发展也带来了新的挑战，如数据隐私、网络安全等。

3.2 金融科技的主要应用

金融科技的主要应用涵盖了金融服务的各个方面，以下是金融科技的一些主要应用领域：

（1）支付和结算。金融科技在支付和结算领域的应用非常广泛。移动支付、电子钱包、数字支付平台等技术使支付变得更加便捷和安全。另外，区块链技术也在支付和结算方面发挥重要作用，提供了更快速、透明和安全的交易方式。

（2）网上借贷和融资。金融科技推动了借贷平台的兴起，使个人和中小企业可以通过在线平台直接借贷和融资。另外，众筹平台也是金融科技的一项重要应用，为创业者和创新项目提供了融资渠道。

（3）投资和理财。金融科技为个人和机构投资者提供了更多元化与个性化的投资及理财选择。在线投资平台、智能投顾、社交投资等技术帮助投资者进行投资决策和组合管理。同时，机器学习和大数据分析等技术也被用于投资组合优化与风险管理。

（4）保险科技。金融科技在保险业的应用被称为保险科技（Insurtech）。保险科技通过使用大数据分析、人工智能和物联网等技术，改进了保险产品的定价、理赔流程和风险评估。另外，互联网保险平台和智能理赔系统等创新解决方案也在保险行业得到广泛应用。

（5）区块链技术。区块链技术作为一种分布式账本技术，不仅在数字货币领域（如比特币）发挥了作用，也在金融服务的其他方面得到应用。区块链可以提供去中心化、透明和不可篡改的交易记录，改善交易的安全性和效率。因此，其被广泛应用于跨境支付、贸易融资、身份验证和供应链金融等领域。

（6）人工智能和机器学习。人工智能和机器学习技术在金融科技中扮演重要角色。它们可以用于信用评估、风险管理、欺诈检测和客户服务等方面。客服机器人和虚拟助手也是金融科技中的常见应用，它们能够通过自然语言处理和机器学习算法与用户交互，为他们提供快速、个性化和高效的服务。

单元 4　数字经济与文化产业的融合

数字经济与文化产业的融合是指数字技术和互联网对文化产业的渗透与影响，以及文化产业在数字经济中的发展和创新。这种融合为文化产业带来了新的发展机遇，并推动了数字经济的增长。

数字经济为文化产业提供了新的生产方式和商业模式。通过数字化技术，文化产品可以数字化形式制作、传播和销售，打破了传统产业链的限制。音乐、电影、游戏等文化产品可以通过互联网和移动应用平台直接触达用户，实现了线上线下的全面融合。同时，数字技术还促进了文化产品的个性化定制和用户参与，提升了用户体验和参与度。文化数字化生态系统如图 3–2 所示。

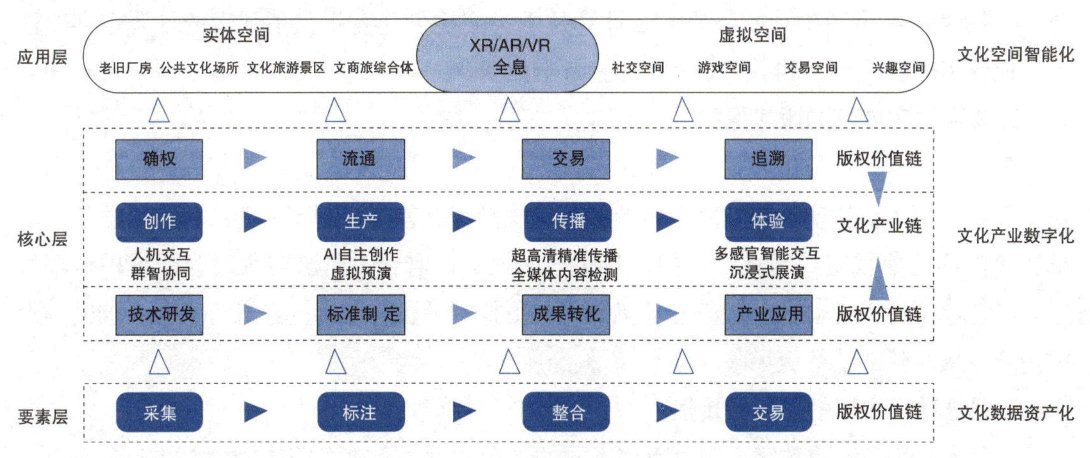

图 3–2　文化数字化生态系统

数字经济也为文化产业创造了新的商业模式。以互联网为基础的平台经济催生了文化创意产业、共享经济等新兴业态。通过在线直播、虚拟现实等技术手段，文化活动可以进行全球范围内的实时传播和观看，拓展了市场规模和观众群体。同时，数字经济也促进了文化产业的数字化管理和运营，提高了企业的工作效率和盈利能力。

数字经济和文化产业的融合还带来了知识产权保护和文化多样性的挑战。数字化的文化产品容易被复制和传播，知识产权的保护成为一个重要的问题。同时，数字经济的发展也可能导致文化产业的集中化和同质化，对地方文化和传统文化的保护提出了新的课题。

为了促进数字经济与文化产业的融合，政府和企业可以采取一系列措施。首先，加强数字技术的研发和应用，提高文化产业的数字化水平；其次，加强知识产权保护，建立健全的法律法规和监管机制。同时，鼓励文化创意产业的发展，培育新的商业模式和创新产品。另外，还有推动国际文化交流与合作，保护和传承各国的多样性文化。

综上所述，数字经济与文化产业的融合为文化产业带来了新的发展机遇和挑战。只有通过技术创新、政策支持和产业合作，才能实现数字经济与文化产业的融合，促进文化产业的繁荣和数字经济的可持续发展。

4.1 数字内容的生产和传播

数字经济与文化产业的融合催生了数字内容的创新生产方式和传播方式，为文化产业带来了巨大的变革和发展机遇。本节将重点探讨数字内容的生产和传播方面的关键问题与策略。

1. 创新数字内容的生产方式

随着数字技术的不断发展，文化创作者可以利用虚拟现实、增强现实、云计算等先进技术，创造出更加创新和互动的数字内容。虚拟现实技术使得用户能够身临其境地体验文化作品，增强了用户的沉浸感和参与度。增强现实技术可以将虚拟元素与真实环境相结合，为用户带来全新的视听体验。云计算技术为文化创作者提供了强大的计算和存储能力，使数字内容的制作和后期处理更加高效与便捷。

2. 加强数字内容的版权保护

数字化内容的复制和传播容易导致知识产权的侵权和盗版问题。为了保护创作者的权益，政府和相关机构应加强数字内容的版权保护措施。首先，制定完善的法律、法规，明确数字内容的版权归属和保护范围；其次，加强版权监管，打击盗版行为，维护市场秩序。另外，还可以建立数字版权管理机制，利用技术手段对数字内容进行水印、加密等保护措施，从而降低了盗版风险。

3. 促进数字内容的跨平台传播

数字技术的发展使数字内容可以在不同的平台和设备上进行跨界传播。政府和企业应鼓励平台间的合作，建立开放的数据共享机制，实现数字内容在不同平台之间的无缝传播。同时，还要加强跨界合作，促进数字内容与其他行业的融合，拓宽内容的传播渠道和覆盖范围。

4. 推动数字内容的个性化和用户参与

数字经济的发展为用户提供了更多个性化和参与的机会。文化产业可以通过数据分析和个性化推荐技术，为用户提供定制化的数字内容体验。同时，鼓励用户参与，如用户生成内容和社交媒体互动，使用户成为内容的创作者和推广者，增强用户黏性并提高用户参与度。这个参与过程不仅提升了用户的体验感受，还促进了数字内容的创新和改进。

5. 加强数字内容的国际交流与合作

数字经济的发展使数字内容具备了跨国界传播的能力。政府在促进数字内容的国际交流与合作方面扮演着重要角色。首先，政府可以积极推动文化产业的国际交流和展览活动，为文化创作者提供更广阔的舞台；其次，建立国际合作机制，促进数字内容的跨国合作和项目交流。同时，通过政策支持和资金扶持，鼓励国内文化企业与国际合作伙伴开展数字内容的联合创作和推广，实现互利共赢。

数字经济与文化产业的融合使数字内容的生产和传播方式发生了深刻的变革。通过创新生产方式、加强版权保护、促进跨平台传播、推动个性化和用户参与，以及加强国际交流与合作，可以进一步推动数字内容的发展和文化产业的繁荣。同时，相关部门也需要解决数字内容的版权保护和文化多样性的平衡等问题。只有在政府、企业和社会的共同努力下，数字经济与文化产业的融合才能获得更加积极和可持续的成果。

4.2 数字技术在文化产业中的应用

数字技术在文化产业中的应用对于推动数字经济与文化产业的融合具有重要的意义。下面将探讨数字技术在文化产业中的应用领域和效应，以及对文化产业发展的影响。

1. 数字技术在文化内容创作中的应用

数字技术在文化内容创作中起到了革命性的作用。虚拟现实技术使文化创作者可以创造出身临其境的虚拟体验，拓宽了创作的边界。增强现实技术将虚拟元素与真实环境相结合，为创作者提供了更多的表现手段。云计算技术为文化创作者提供了强大的计算和存储能力，使创作者能够高效地进行数字内容的制作和处理。

2. 数字技术在数字内容传播中的应用

数字技术为数字内容的传播提供了新的方式和渠道。互联网和移动应用平台使文化产品能够以数字化形式进行广泛的传播和触达用户。通过社交媒体和在线直播等工具，文化活动可以进行全球范围内的实时传播和观看。同时，个性化推荐和智能算法技术使用户能够获得个性化的数字内容体验，从而提升了用户的参与度和忠诚度。

3. 数字技术在文化产业管理和运营中的应用

数字技术在文化产业的管理和运营中起到了重要的支持作用。数字化管理系统可以帮助文化机构实现对文化资源的数字化管理和存储，提高了管理效率和资源利用率。数据分析和预测技术可以帮助文化企业更好地了解用户需求和市场趋势，优化产品策划和市场推广。同时，电子商务和在线票务平台等数字化商业模式为文化产业提供了新的商业机会和盈利模式。

4. 数字技术对文化产业发展的影响

数字技术的应用对文化产业的发展产生了深远的影响。首先，数字技术拓宽了文化产业的市场边界，促进了文化产品的国际传播和合作；其次，数字技术推动了文化产业的创新和多元化发展，促进了文化创意产业和共享经济的兴起；最后，数字技术的应用还带来了文化产业运营模式的变革。传统的线下文化机构逐渐采用线上平台和数字化手段，实现了线上线下融合的运营模式，提升了服务效果和用户体验。

思考与实训

1. 简述产业数字化改造的主要内容。
2. 数字化转型的关键因素有哪些？
3. 企业数字化革命的核心因素有哪些？
4. 当前，我国企业推进数字化管理过程中存在哪些问题？

模块 4 MODULE 4

数字经济与新业态的兴起

名人名言

在时间的大钟上，只有两个字——现在。

——莎士比亚

学习目标

知识目标：

通过学习本模块，掌握新业态和新型基础设施的特征和含义，了解区块链的应用原理。

技能目标：

掌握新型基础设置技术范式、产业的组织形态、商业模式与空间结构。

素养目标：

学会运用信息技术融合基础设施，以技术创新为驱动，注重包容与合作。

模块导入

自动驾驶领军者，加速商业化落地

2022 年 4 月 21 日，美国汽车制造商特斯拉公司 CEO（首席执行官）马斯克宣布，特斯拉或将在 2024 年实现 Robotaxi（自动驾驶出租车）量产，而且希望自动驾驶出租车每英里价格比公交车还要便宜。如何用技术创新引领产业发展2022 年 4 月 28 日，北京发放了无人化救人示范应用通知书，百度成为首批获准企业，其旗下自动驾驶出行服务平台“萝卜快跑”，正式开启无人化自动驾驶出行服务，自动驾驶是人工智能应用的顶级工程，从环境感知、行为预测，到规划控制、高精地图、高精定位，一辆无人车集纳了多个领域顶尖的技术。这些核心书是买不来的，只能靠中国企业自立自强、攻坚克难。百度旗下自动驾驶出行服务平台价格“萝卜快跑”正式开启无人化自动驾驶出行服务。百度创始人、董事长兼CEO李彦宏之前就做出预测，当每天有5 000万个订单时，自动驾驶出租车的成本将会是现在的1/5，届时自动驾驶行业会进入全面商用阶段。麦肯锡也曾预测，自动驾驶出租车与人工驾驶出租车相比，出行服务成本将在2025—2027年达到拐点，预计2025年之后的5年内，自动驾驶出租车的成本将出现快速下降。

头雁效应：在自动驾驶技术研发上，美国拥有发达的集成电路技术，在高端芯片设计领域也一直保持领先态势。另外，在激光雷达、视觉技术等方面都保持领先。中国发展自动驾驶的优势在于五个方面：第一，汽车市场足够庞大，可带来显著的规模效应，也可支撑足够多的应用场景，如图4–1所示。第二，基础设施配套齐全。我国大力推行5G、卫星互联网、数据中心、智能交通等新型基础设施建设，使中国自动驾驶不仅可以实现单车智能，还可以走“车路协同”的发展道路。第三，中国自动驾驶在高精度地图、激光雷达、车载计算芯片等领域都取得了很大进展，车规级激光雷达、人工智能芯片算力都达到国际先进水平。第四，智能汽车是自动驾驶的核心终端，在智能汽车大规模量产之时，中国制造的优势也将进一步凸显。第五，国家层面的顶层设计和政策驱动。过去6年，中国已经连续发布10余项国家级政策，从国家战略层面保证中国自动驾驶的竞争力。

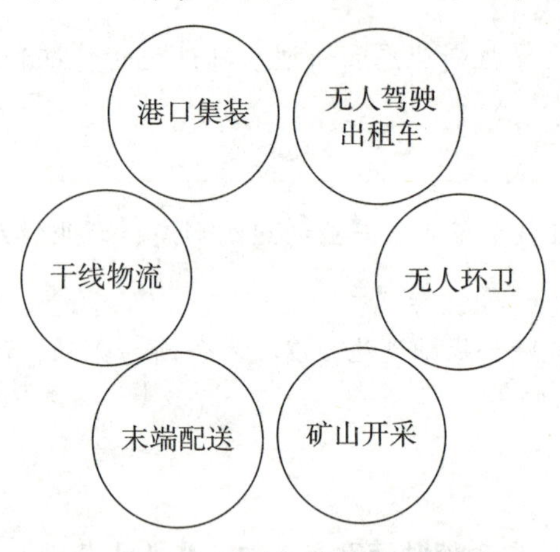

图4–1　无人驾驶应用场景

作为中美两国自动驾驶领域的“头雁”，百度Apollo和谷歌Waymo都实现了自动驾驶的“无人化”，接下来将竞速自动驾驶“商业化”。这方面，百度跑得更快。从自动驾驶出行服务订单量看，“萝卜快跑”半年的订单量就突破30万单，而Waymo车队的订单量，据估算每季度仅为2.6万～5.2万单。从订单量看，百度Apollo后来居上，实现了对谷歌Waymo的反超，成了全球量大的自动驾驶出行服务商，中国头雁开始领跑全球。百度还定下新目标：到2025年，将业务扩展到65个城市，到2030年，将业务扩展到100个城市。

事实上，百度在自动驾驶领域“车—路—云—图”全栈式在局，放眼全球都是独一无二的。百度 Apollo 已经发展出了三种商业模式：一是为主机厂商提供 Apollo 自动驾驶技术解决方案；二是百度与吉利集团合资成立了智能汽车公司“集度”，端到端地整合百度自动驾驶方面的创新，把最先进的技术第一时间推向市场；三是 Robotaxi 自动驾驶出行服务。

从 2017 年开始，百度牵头承担首批“国家新一代人工智能开放创新平台”中的自动驾驶平台建设任务，成为自动驾驶的“国家队”。其间不断加强汽车、信息领域的关键核心技术研发攻关，并全力打造开源创新生态，加速了高校、科研机构与企业，特别是初创企业的跨界协同，有效推动了自动驾驶技术创新和产业发展。

本模块将探讨数字经济与新业态的兴起之间的紧密联系。随着数字技术的迅猛发展和普及应用，传统产业正在经历着深刻的变革，这也同时催生了大量新的商业模式和新兴业态。

单元1　共享经济

共享经济是一种基于共享资源和互联网平台的经济模式，通过在线平台和技术的连接，促使个人或组织之间共享闲置资源、技能、时间或服务，以实现资源的优化利用和价值最大化。

知识拓展：什么是共享经济

1.1　共享经济的定义和特点

共享经济（图 4-2）是一种经济模式，基于互联网和在线平台的连接，促使个人或组织之间共享闲置资源、技能、时间或服务，实现资源的优化利用和价值最大化的方式。它通过在线平台提供信息匹配、交易撮合、支付结算等功能，实现供需双方的连接和交互。

共享经济主要包括以下特点：

（1）资源共享。共享经济的核心理念是通过共享闲置资源，实现资源的高效利用。这些资源可以是物质资源，如汽车、住房、办公空间，也可以是非物质资源，如技能、知识、时间，或是服务，如共享出行、共享住宿、共享劳动力等。

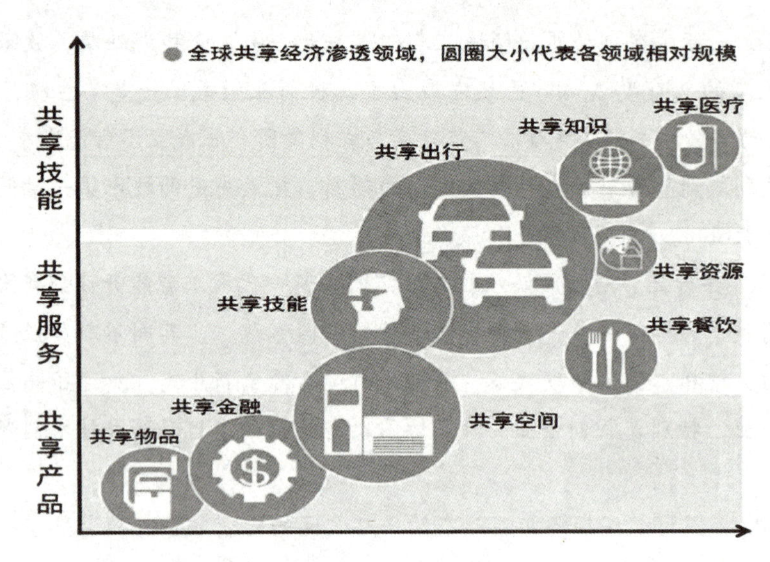

图 4-2　共享经济

（2）互联网平台。共享经济依赖于互联网和在线平台的发展，通过在线平台连接供需双方，提供信息匹配、交易撮合、支付结算等功能。互联网平台提供了便捷的交流和交易环境，降低了市场摩擦成本。

（3）去中心化和平台化。共享经济通常以去中心化的方式运作，个人或组织直接参与资源的共享与交换，减少了中间环节和中介机构的介入。与此同时，共享经济也催生了大量的共享经济平台，通过平台的规模效应和技术支持，提供了信任度、便利性和安全性，促进了共享经济的发展。

（4）社区和信任。共享经济鼓励用户之间的互动和社区建设，通过用户评价、信用体系等方式建立信任机制。用户的信誉和口碑对于共享经济的顺利进行起着重要作用，高信任度的社区有助于推动资源的共享和交易。

共享经济在许多领域都有广泛的应用，如共享出行（如网约车、共享单车）、共享住宿（如民宿、短租房）、共享劳动力（如众包平台、兼职平台）、共享办公空间等。其为个人提供了灵活的收入来源和经济活动方式，同时，也对资源利用效率、经济发展和社会可持续发展产生了积极影响。

1.2　共享经济的模式和案例

共享经济的模式多种多样，下面将介绍一些常见的共享经济模式及相应的案例。

1. B2C（Business-to-Consumer）共享模式

在这种模式下，企业或组织将自己的资源共享给个人用户，典型案例如下：

（1）Mobike、ofo：提供共享单车服务，用户可以通过手机应用租借自行车进行出行。

（2）TaskRabbit：为用户提供雇用临时工的平台，使用户可以通过平台雇佣他人完成日常任务。

2. C2C（Consumer-to-Consumer）共享模式

在 C2C 共享模式下，个人之间通过在线平台进行资源的共享和交换，形成共享社区。典型案例如下：

（1）跳蚤市场平台（如 Craiglist、eBay）：允许个人用户在平台上交易二手商品或服务。

（2）顺丰到家：用户可以通过手机应用将自己的快递需求发布到平台，与其他用户合作进行代收代送。

3. B2B（Business-to-Business）共享模式

在 B2B 共享模式下，企业之间共享资源和服务，提高资源利用效率。典型案例如下：

（1）共享办公空间（如 WeWork、腾讯众创空间）：企业可以共享办公空间、设备和服务，节约成本并促进合作和创新。

（2）共享物流平台（如货拉拉、滴滴货运）：企业可以通过在线平台共享物流资源，提高物流效率和成本控制。

这些共享经济模式的案例说明了共享经济在不同领域的应用和影响，它们改变了传统的商业模式，提供了更加灵活、便捷和经济实惠的服务，同时，也激发了资源的潜力和社会合作的动力。然而，共享经济也面临一些挑战，如监管问题、信任机制建设和市场竞争等，需要进一步研究和解决。

1.3 共享经济的优缺点及影响

共享经济作为一种新兴的经济模式，具有一系列的优点和缺点，并对经济和社会产生了一定的影响。

1. 共享经济的优点

共享经济的优点主要体现在资源优化利用、经济效益、便利和灵活性及社交和社区建设方面。

（1）在资源优化利用方面，共享经济通过共享闲置资源，提高了资源的利用效率，减少了资源的浪费。这种方式有助于实现可持续发展，减少对新资源的需求，同时也减少了废弃物的产生，对环境友好。

（2）在经济效益方面，共享经济为个人提供了额外的收入来源，使人们能够利用自身的闲暇时间或闲置资源赚取收入。同时，共享经济也创造了更多的就业机会，促进了经济的增长和创新。

（3）共享经济的便利和灵活性。通过在线平台，用户可以随时根据自己的需求获取所需的资源或服务，扩大选择范围，也提高了选择的灵活性，从而提高了用户满意度和体验。

（4）共享经济鼓励用户之间的互动和合作，建立了社交和信任网络。用户在共享经济平台上可以互相评价和评级，这有助于建立信任关系，同时，也促进了社区的建设和互助合作的发展。

总的来说，共享经济通过资源共享和在线平台连接，为个人提供了经济利益和便利性，同时，也促进了资源的优化利用和社会互动，对经济和社会产生了积极的影响。

2. 共享经济的缺点

不平衡发展是共享经济所面临的一个主要问题，同时法律和监管挑战、个人信息安全和隐私问题，以及竞争与价值压缩也是其中的一些重要方面。

（1）在不平衡发展方面，共享经济在不同地区和行业的发展可能存在差异，导致资源和利益集中在一些热门领域，从而出现不公平现象。一些地区或行业可能受益较少，资源倾向于集中在少数地区或领域，加剧了地区和行业之间的差距。

（2）法律和监管挑战是共享经济发展过程中的另一个重要问题。共享经济的兴起给传统的法律和监管体系带来了新的挑战，如如何确保共享经济平台的合规性、明确责任分担等问题。需要制定和完善相应的监管机制，以保护用户权益、维护市场秩序和公平竞争。

（3）个人信息安全和隐私问题是共享经济中的一大关注点。共享经济平台涉及大量个人信息的收集和交换，存在信息泄露、滥用或盗用的风险。因此，确保个人信息的安全和隐私保护是共享经济发展中需要重视的问题，需要平台和相关方面加强技术和制度措施，保护用户的个人信息安全。

（4）竞争与价值压缩是共享经济中存在的另一个挑战。共享经济市场竞争激烈，供应商之间的竞争可能导致价格的下降，从而对供应商的利润产生压力。这可能影响供应商的可持续性发展，并引发市场的变革和调整。

综上所述，共享经济在不平衡发展、法律和监管挑战、个人信息安全和隐私问题，以及竞争与价值压缩等方面面临一系列问题和挑战。解决这些问题需要政府、平台运营者和相关利益方的共同努力，以确保共享经济的可持续发展，并实现其潜在的经济和社会效益。

3. 共享经济的影响

经济结构变化是共享经济带来的重要影响之一，其也创造了更多的就业和创业机会，并促进了社会互信和协作的发展。

（1）共享经济对传统产业的经济结构产生了深远影响，它推动了新的产业形态的兴起，通过在线平台和共享模式，创造了全新的商业模式和市场机会。这种转变促进了经济的转型和升级，为创新和创业提供了新的空间。

（2）共享经济的兴起创造了大量的就业和创业机会。特别是在灵活就业和自主创业方面，共享经济为个人提供了更多的选择和机会。通过共享经济平台，人们可以利用自身的资源和技能创造价值，并实现经济独立和自主发展。

（3）共享经济鼓励用户之间的信任和合作，促进了社会互信关系的建立和加强。共享经济平台通过用户评价和评级机制，建立了信任体系，减少了交易中的信息不对称问题。这种信任和合作精神的培养，推动了社会协作的发展，促进了资源的共享和社会的互助合作。

综上所述，共享经济通过改变传统产业的经济结构，推动新产业形态的兴起，促进了经济的转型和升级。同时，共享经济也创造了就业和创业机会，改变了传统的就业模式，促进了灵活就业和自主创业的发展。另外，共享经济鼓励社会互信和协作，推动了社会的共享精神和互助合作的发展。这些变化和发展为经济和社会带来了积极的影响。

单元 2　电子商务

电子商务（Electronic Commerce，EC）是指通过互联网或其他电子通信网络进行商业活动的过程。它涵盖了在线购买和销售商品、提供服务、电子支付、电子营销、供应链管理及在线交易等一系列商业活动。电子商务具有以下几个主要特点：

（1）跨时空。电子商务突破了传统商业活动的时间和空间限制。用户可以随时随地通过互联网进行购买和销售，消除了地理位置的限制，大幅提高了交易的便利性和效率。

（2）数字化。电子商务通过数字技术实现商业活动的全程数字化，包括商品信息的数字化、支付的电子化、交易记录的电子化等。这种数字化的特点使商业活动更加高效、准确和可追溯。

（3）实时互动。电子商务为商家和消费者提供了实时的互动平台。商家可以通过在线客服系统与消费者进行实时沟通和解答问题，消费者也可以即时提供反馈和评价，实现了即时的交流和互动。

（4）个性化和定制化。电子商务提供了个性化和定制化的商业服务。通过收集和分析用户数据，商家可以根据用户的喜好和需求进行个性化推荐与定制化服务，提供更符合用户期望的购物体验。

（5）多渠道销售。电子商务提供了多种销售渠道和方式。除传统的电子商务网站外，还有移动应用、社交媒体、电子邮件等多种渠道，使得商家可以通过多个渠道触达消费者，提高销售机会。

（6）全球化。电子商务打破了地域限制，使商家可以跨越国界进行全球化的销售和合作。消费者可以通过电子商务平台购买来自世界各地的商品，商家也可以利用电子商务扩大国际市场。

总的来说，电子商务是利用互联网和其他电子通信网络进行商业活动的过程。其特点包括跨时空、数字化、实时互动、个性化和定制化、多渠道销售及全球化。这些特点使电子商务成为商业领域中一种强大的工具和发展趋势

2.1 电子商务的发展历程

电子商务的发展可以追溯到20世纪70年代，随着计算机和互联网技术的发展，电子商务开始逐步崭露头角。以下是电子商务发展的主要里程碑和阶段：

（1）早期阶段（1970—1990年）。在这个阶段，电子商务主要依赖于电子数据交换（Electronic Data Interchange，EDI）技术。EDI通过计算机网络实现了企业间的电子数据交换，其主要应用于供应链管理和物流方面。

（2）互联网崛起（1990年）。互联网的普及和商业化在电子商务的发展中起到了关键作用。1991年，互联网的公众使用开始，商业机构开始利用互联网进行广告、促销和销售活动。亚马逊和eBay等早期的电子商务平台相继成立，开创了在线购物和在线拍卖的先河。

（3）电子商务的多元化（2000年）。进入21世纪，电子商务开始向多个领域扩展。在线支付系统如PayPal的兴起使电子商务的交易更加便捷和安全。同时，许多传统企业开始建立自己的电子商务网站，将线上、线下渠道进行整合，实现全渠道销售。

（4）移动电子商务（2010年）。随着智能手机和移动互联网的普及，移动电子商务迅速崛起。消费者可以通过移动应用程序进行在线购物和支付。移动支付平台如支付宝和微信支付在中国迅速发展，并成为移动电子商务的重要推动力。

（5）社交电子商务和共享经济（2010年）。社交媒体的快速发展为电子商务带来了新的机遇。社交电子商务通过整合社交媒体和电子商务，使用户可以在社交平台上直接购买商品。共享经济模式的兴起也为电子商务注入了新的活力，通过共享平台和在线市场，用户可以共享和出租自己的资源。

（6）人工智能和物联网的应用（现阶段）。当前，人工智能和物联网技术的发展对电子商务产生了深远影响。人工智能技术可以通过数据分析和个性化推荐改善用户体验，智能物联网设备可以实现物品的互联互通，促进供应链和物流的优化。

综上所述，电子商务经历了从EDI到互联网、移动电子商务、社交电子商务、共享经济的发展阶段，并受益于人工智能、物联网、区块链等新兴技术的融合与创新。这些技术的发展不断推动电子商务的创新和转型，改变了商业模式和消费方式，使电子商务成为现代经济中不可或缺的一部分。

2.2 电子商务的模式和应用

电子商务拥有多种模式和应用，以下是几种常见的电子商务模式和应用：

（1）B2C。B2C 模式是指企业通过电子商务平台直接向消费者销售商品和提供服务。该模式最常见的电子商务模式，消费者可以在网上浏览和购买商品，支付订单，并通过物流配送获得商品。

（2）C2C。C2C 模式是指消费者之间通过电子商务平台进行交易，如在线拍卖和二手交易网站。在该模式下，消费者可以在平台上发布自己的商品，其他消费者可以竞拍或直接购买。

（3）B2B。B2B 模式是指企业之间通过电子商务平台进行交易和合作。该模式主要应用于供应链管理、批发和采购等商业活动，企业可以在平台上寻找供应商、进行价格谈判和交付协商等。

（4）O2O。O2O 模式是指线上和线下的结合，通过电子商务平台引导消费者到线下实体店铺消费。例如，消费者可以在电子商务平台上预订餐厅、预约美容服务，然后到实体店铺享受服务。

（5）社交电子商务。社交电子商务是指将社交媒体和电子商务相结合，通过社交平台进行商品销售和推广。平台上的用户可以分享、推荐和购买商品，从而实现社交互动和购物的一体化体验。

除以上几种模式外，电子商务还有其他形式的应用，如在线支付、电子票务、在线教育、数字内容销售等。随着技术的不断进步和创新，电子商务的模式和应用也在不断演变。

2.3 电子商务面临的挑战和机遇

电子商务在其发展过程中面临着一系列的挑战和机遇。以下是一些主要的挑战和机遇。

1. 电子商务面临的挑战

（1）市场竞争。电子商务市场竞争激烈，企业需要不断提升产品质量、服务水平和用户体验，以在竞争中脱颖而出。

（2）信任与安全。消费者对于在线交易的信任和安全性是一个重要的考量因素。电子商务平台需要采取措施确保用户信息的安全，并提供安全可靠的支付系统。

（3）物流与配送。电子商务的快速增长给物流和配送带来了巨大压力，如如何提供高效、准时的物流服务、解决最后一公里配送等问题是一个挑战。

（4）法律与监管。电子商务涉及多个国家和地区，面临着各种法律和监管要求的复杂性。企业需要遵守当地的法律法规，合规经营。

（5）产品质量和售后服务。消费者对于产品质量和售后服务的要求越来越高，电子商务企业需要建立完善的质量控制和售后服务体系。

2. 电子商务面临的机遇

（1）全球市场。电子商务打破了地域限制，企业可以更容易地进入全球市场，拓展销售渠道，触达更广泛的消费群体。

（2）数据驱动营销。电子商务平台积累了大量的用户数据，通过数据分析和市场洞察，企业可以更准确地了解消费者需求，制定个性化的营销策略。

（3）创新与个性化。电子商务为企业提供了创新和个性化的机会。通过技术创新和个性化定制，企业可以满足消费者多样化的需求，提供独特的产品和服务。

（4）社交媒体整合。电子商务与社交媒体的整合为企业提供了更广泛的宣传和推广渠道。通过社交媒体平台，企业可以与消费者进行互动，增强品牌认知和用户参与度。

（5）移动电子商务。随着智能手机的普及，移动电子商务呈现出快速增长的趋势。企业可以通过移动应用提供更便捷的购物体验，拓展移动用户群体。

（6）跨境电子商务。跨境电子商务为企业带来了巨大的机遇。企业可以通过跨境电子商务拓展海外市场，开拓新的商机，吸引国际消费者。

（7）供应链优化。电子商务通过信息技术的应用，可以实现供应链的优化和管理。企业可以更好地控制库存、降低成本，并提供更快速、高效的供应链服务。

（8）新兴技术的应用。随着人工智能、大数据、物联网等新兴技术的发展，电子商务面临着更多的机遇。这些技术可以改善用户体验、提升运营效率，以及支持智能推荐和个性化服务。

（9）创业和就业机会。电子商务的兴起为创业者和就业者提供了广泛的机会。创业者可以通过电子商务平台实现创业梦想，而就业者也可以在电子商务领域寻找丰富的就业机会。

综上所述，电子商务既面临着挑战，也蕴含着许多机遇。企业需要认识到挑战并采取相应的措施来应对，同时抓住机遇，不断创新和发展，从而在竞争激烈的电子商务市场中获得成功。

单元 3　无人驾驶

3.1　无人驾驶的定义和发展历程

无人驾驶是指由计算机系统和传感器控制的车辆，在无须驾驶员操作的情况下，能够自主进行导航、行驶和避免碰撞。无人驾驶汽车如图 4-3 所示。

图 4-3　百度无人驾驶汽车

以下是无人驾驶发展的主要里程碑：

（1）1980—1990 年：无人驾驶技术开始在实验室环境中研究和测试，主要集中在高速公路上的自动驾驶。

（2）2004 年：美国国防高级研究计划局（DARPA）组织了第一届“达尔巴挑战赛”，要求参赛车辆自动驾驶穿越沙漠地形。虽然没有车辆能够完成全部任务，但这个比赛激发了全球对无人驾驶技术的兴趣。

（3）2005 年：谷歌（现为 Waymo）开始研究自动驾驶技术，并于 2010 年在美国加利福尼亚州获得了第一个无人驾驶测试车辆的许可。

（4）2012 年：谷歌发布了无人驾驶汽车的视频，引起广泛关注。随后，其他汽车制造商和科技公司也开始投入无人驾驶技术的研发。

（5）2015 年：美国国家公路交通安全管理局（NHTSA）发布了第一份针对无人驾驶汽车的指南，为技术开发和法规制定提供了指导。

（6）2016 年：Uber 在美国匹兹堡推出了无人驾驶乘车服务，标志着无人驾驶技术进入商业化阶段。

（7）2018 年：Waymo 获得了亚利桑那州的无人驾驶商业化运营许可，成为首个商业化运营的无人驾驶服务提供商。

（8）近年来，无人驾驶技术持续发展，许多汽车制造商和科技公司加大了研发与测试力度。无人驾驶车辆在更多城市和道路上进行实际测试与试运营，为未来的商业化应用打下基础。

总体而言，无人驾驶技术的发展历程经历了多个阶段，从实验室研究到商业化应用，取得了显著的进展，并对未来的交通产生重大影响。

3.2 无人驾驶技术及其应用

无人驾驶技术依赖多种关键技术和组件，以下是无人驾驶智能系统（图 4–4）。

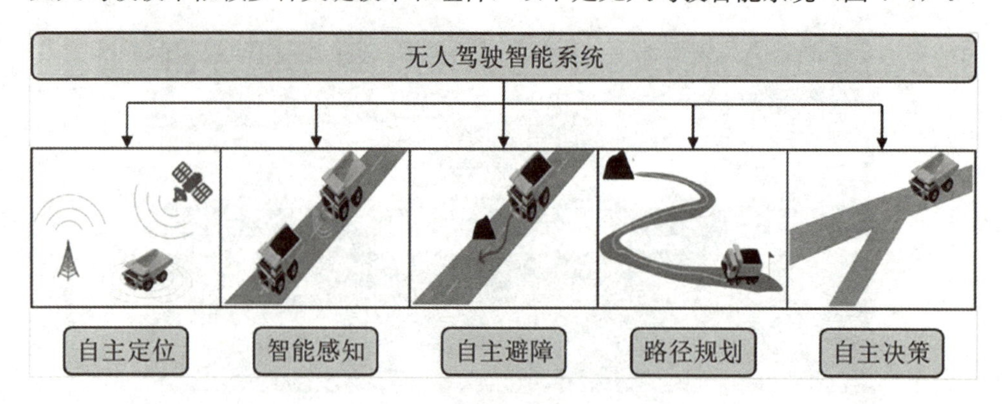

图 4–4 无人驾驶智能系统图

（1）感知技术。使用各种传感器（如激光雷达、摄像头、雷达和超声波传感器）来感知车辆周围的环境和障碍物。

（2）地图和定位系统。使用高精度地图和定位技术（如全球定位系统、惯性导航系统、相机视觉等）来实时确定车辆的位置和姿态。

（3）决策和规划算法。基于感知数据和地图信息，通过算法进行决策和路径规划，使车辆能够做出安全、高效的驾驶决策。

（4）控制系统。控制车辆的加速、制动、转向和其他动作，确保车辆按照规划路径进行精确驾驶。

无人驾驶技术的应用领域包括但不限于以下几个方面：

（1）汽车行业。无人驾驶技术将汽车演变为自动驾驶的交通工具，提供更安全、高效的出行体验。

（2）物流和运输。无人驾驶货车和无人机可用于物流与运输领域，实现自动化的货物配送和运输。

（3）公共交通。城市公共交通系统可以采用无人驾驶技术，提供更便捷、可靠的公共交通服务。

（4）农业和农村地区。无人驾驶技术可以应用于农业机械和农业设备，提高农业生产效率。

（5）城市交通管理。无人驾驶技术可以用于交通流优化、停车管理和智能交通信号控制，提升城市交通效率和减少拥堵。

（6）其他领域。无人驾驶技术还有潜力在建筑施工、采矿、仓储等领域实现自动化操作。

无人驾驶技术的应用正在不断扩展，为各行各业带来新的机遇和挑战。

3.3 无人驾驶的前景和面临的挑战

无人驾驶技术具有广阔的前景（2010—2020 年国内区块链企业数量如图 4-5 所示），但同时也面临一些挑战。

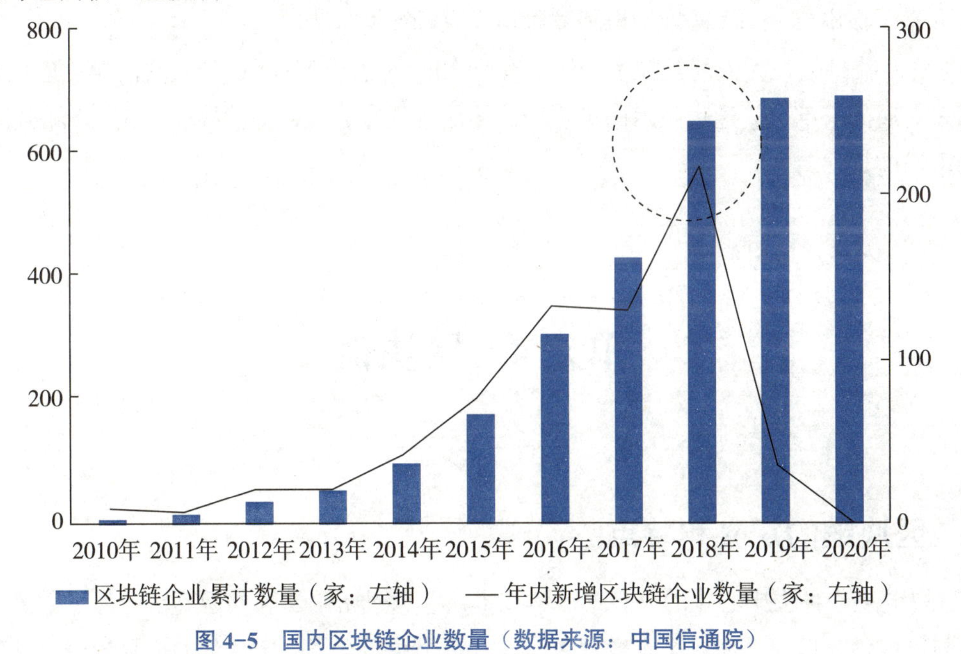

图 4-5 国内区块链企业数量（数据来源：中国信通院）

以下是无人驾驶的前景和面临的挑战。

1. 无人驾驶的前景

（1）安全性提升。无人驾驶车辆能够减少人为驾驶错误和疲劳驾驶，从而提高交通安全性，减少交通事故发生率。

（2）减少交通拥堵。无人驾驶车辆的智能路径规划和协同驾驶功能可以提高交通流量和道路利用效率，降低交通堵塞的发生率。

（3）减少能源消耗和环境污染。无人驾驶车辆的精准驾驶和优化路线规划有助于降低能源消耗，并减少尾气排放，对环境更友好。

（4）提供出行便利性。无人驾驶技术可以为不具备驾驶能力的人群提供更方便的出行方式，以改善他们的出行体验。

2. 无人驾驶面临的挑战

（1）技术成熟度。无人驾驶技术还需要进一步发展和改进，以提高感知、决策和控制系统的精确度和可靠性。

（2）法规和政策制定。无人驾驶的推广和商业化应用需要建立适应的法规框架与政策制定，涉及责任分配、安全标准和数据隐私等问题。

（3）高成本和可接受性。无人驾驶技术的成本较高，需要大量投资和研发。同时，公众对于无人驾驶技术的接受度和信任度也是其需要面对的挑战。

（4）道路基础设施和兼容性。无人驾驶技术需要与现有的道路基础设施相兼容，包括交通信号、路况识别等方面的适应和配合。

（5）难以预测的情况和复杂环境。在复杂的交通环境和极端天气条件下，无人驾驶技术可能面临挑战，如无法准确识别障碍物或应对突发状况。

尽管面临挑战，无人驾驶技术仍然具有巨大的潜力，预计将逐步实现商业化应用并成为未来交通的一部分。通过技术的进步和法律法规的完善和社会的接受，无人驾驶拥有广阔的市场前景。

单元 4　区块链

4.1　区块链的定义和特点

区块链是一种去中心化的分布式账本技术，它通过密码学和共识算法确保了数据的安全性与可信性。区块链由一个个数据块组成，每个块包含了一定数量的交易记录，并且通过链式连接形成一个不可篡改的数据链。

区块链的主要特点如下：

（1）去中心化。区块链没有中央机构或中心服务器控制，数据和决策权分散在网络中的各个节点上。这种去中心化结构增加了系统的安全性和可靠性。

（2）分布式账本。区块链中的账本分布在网络中的每个节点上，每个节点都有完整的账本副本。这种分布式特性使账本具有高度的透明性和可追溯性。

（3）不可篡改性。区块链中的数据一旦被写入，就难以被篡改或删除。每个区块都包含前一个区块的哈希值，形成了一个链接结构，任何对其中一个区块的修改将导致整个链的哈希值发生变化。

（4）安全性。区块链使用密码学算法对数据进行加密和验证，确保数据的机密性和完整性。由于数据分布在多个节点上，并且需要共识算法来验证交易，因此，攻击者很难篡改数据。

（5）匿名性和透明性。区块链中的参与者可以使用公钥和私钥进行身份验证，保护其身份的匿名性。同时，由于所有的交易记录都是公开的，区块链也具有一定程度的透明性。

（6）智能合约。区块链可以支持智能合约，这是一种自动执行和执行条件的程序代码。智能合约可以实现自动化的交易和合约执行，减少了中介和人为干预的需要。

综上所述，区块链的特点使其成为一种具有高度可信度和安全性的分布式技术，可应用于金融、供应链管理、物联网、数字资产等多个领域。

4.2 区块链的技术原理

区块链（图 4-6）的技术原理是通过密码学和分布式系统的结合来实现数据的安全和可信。

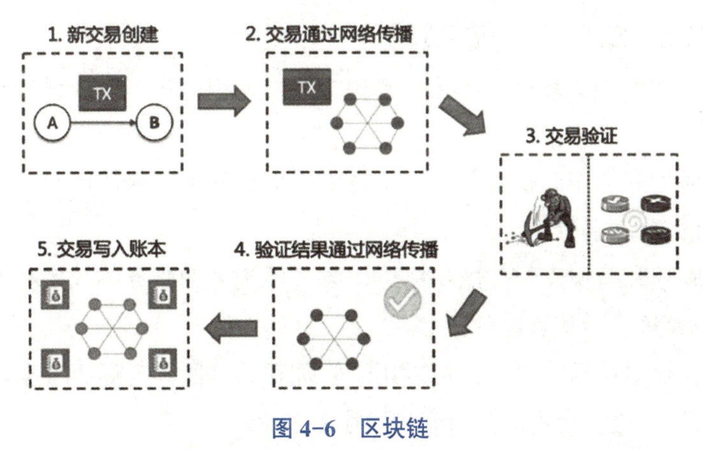

图 4-6 区块链

（1）分布式网络。区块链采用分布式网络结构，由多个节点组成。每个节点都有完整的账本副本，并通过点对点网络通信来传输数据和交易。

（2）数据结构。区块链采用链式数据结构，每个数据块包含了一定数量的交易记录。每个数据块都包含一个指向前一个数据块的哈希值，形成了一个不可篡改的数据链。

（3）共识算法。区块链中的节点通过共识算法来达成一致，验证和接受新的数据块。常见的共识算法包括工作量证明（Proof of Work）和权益证明（Proof of Stake）等。

（4）密码学。区块链使用密码学算法来确保数据的机密性和完整性。其中，哈希函数用于生成数据的唯一标识（哈希值），非对称加密算法用于验证身份和签署交易，对称加密算法用于保护数据的隐私。

（5）智能合约。区块链可以支持智能合约，这是一种以编程方式描述的自动执行的合约。智能合约可以在满足特定条件时自动执行操作，减少了对第三方的依赖。

（6）共享和验证。每个节点都可以通过共享和复制账本副本来验证与验证交易。这种分布式的共享和验证机制确保了数据的透明性和可信度。

总的来说，区块链的技术原理是通过分布式网络、数据结构、共识算法、密码学和智能合约等技术的结合来实现数据的安全、透明和可信，为各个参与方提供了一种去中心化的可信环境。

4.3 区块链的应用场景

区块链具有广泛的应用场景，以下是一些常见的区块链应用场景。

（1）加密货币和数字资产。区块链最著名的应用就是加密货币（如比特币）的发行和交易。区块链技术提供了安全、透明的数字资产交换平台。

（2）供应链管理。区块链可以提供供应链的可追溯性和透明性，确保产品的真实性和质量，减少欺诈和伪劣产品的出现。

（3）物联网。区块链技术可以为物联网设备提供安全性和可信度。它可用于设备身份验证、数据交换和智能合约执行等方面。

（4）身份验证和数字身份。区块链可用于构建去中心化的身份验证系统，保护个人的隐私和数据安全。

（5）版权保护和知识产权管理。区块链可以记录知识产权的所有权和交易信息，确保知识产权的保护和权益分配。

（6）金融服务和跨境支付。区块链可以改善传统金融服务的效率和安全性，实现更快速、低成本的跨境支付和资金清算。

（7）医疗和健康数据。区块链可以用于管理和共享医疗与健康数据，确保数据的安全性、隐私性和准确性，促进医疗研究和治疗的进展。

（8）不动产登记和土地管理。区块链可以实现不动产的透明和安全交易，简化登记和转移手续，并减少欺诈和争议。

（9）能源交易和智能电网。区块链可以用于能源交易和智能电网管理，实现能源的分布式交易和管理。

（10）社会公益和捐赠。区块链可以提供公开透明的捐赠平台，从而确保捐款去向和使用情况的透明性。

这些仅仅是区块链技术的一些应用场景，随着技术的进一步发展和创新，将有更多领域将受益于区块链的特性和优势。

4.4 区块链的发展趋势

区块链正在迅速发展，并有以下几个主要的发展趋势：

（1）企业级应用增长。越来越多的企业开始认识到区块链的潜力，并在各个领域探索其应用。企业级区块链解决方案将成为主要的发展方向，涵盖供应链管理、金融服务、数字身份等领域。

知识拓展：什么是区块链

（2）联盟链和私有链的兴起。随着对数据隐私和权限控制的要求增加，联盟链和私有链将得到更多关注。这些链具有更高的可控性和可扩展性，适用于企业间合作和敏感数据管理。

（3）跨链技术的发展。为了实现不同区块链网络之间的相互操作性和数据共享，跨链技术将得到进一步发展。跨链技术可以促进区块链网络的互联互通，打破了各个链之间的壁垒。

（4）扩容和性能优化。目前，公共区块链网络如比特币和以太坊面临着扩容和性能瓶颈。为了满足日益增长的交易量和用户需求，区块链技术将继续致力于扩容方案和性能优化。

（5）去中心化金融的崛起。去中心化金融应用正在成为区块链领域的热点。DeFi 应用通过智能合约实现传统金融服务的自动化和去中心化，包括借贷、交易、衍生品等。

（6）环境友好的共识机制。传统的工作量证明共识机制消耗大量能源，因此，研发环境友好的共识机制将成为重要的发展方向。权益证明和权益证明股份（DPoS）等机制被广泛探索和采用。

（7）跨领域整合。区块链技术将与其他技术领域进行深度整合，如人工智能、物联网、大数据等。这种整合可以为各个行业提供更多创新和应用的可能性。

（8）法规和标准制定。随着区块链技术的发展，各国政府和国际组织将加强对区块链的监管和标准制定。相关法律法规和标准的制定将推动区块链的合规性和可信度，也为企业和用户提供更清晰的操作指南和法律依据。

思考与实训

探讨区块链与未来的数字经济发展之间的关系，分析区块链在数字经济中的应用前景，试举例分析区块链在未来数字经济中可能面临的挑战和解决方案。

MODULE 5

模块 5

数字经济的政策环境

名人名言

数字经济的发展需要加强法律法规的制定和完善，同时也需要加强国际合作和交流，才能推动数字经济的全球化发展。

——张朝阳，搜狐公司董事局主席兼 CEO

学习目标

知识目标：

通过学习本模块，了解各国经济政策的主要内容与目标，掌握各国经济政策的基本内涵和主要特点。

技能目标：

能够熟悉数字经济政策的制定原则和流程，能够运用数字经济政策评价的方法与工具。

素养目标：

引导学生认识我国数字经济的政策和理念、了解我国数字创新的成果，培养学生在数字经济环境下为中华民族复兴而努力学习的使命感和责任感。

模块导入

中国联通贵安云数据中心

作为数字经济发展的基石和落脚点，以 5G、数据中心、工业互联网等为代表的新型基础设施的作用日益凸显。中国联通在这方面，围绕“东数西算”的国家枢纽节点，提高数据中心部署速度，表现出了极强的前瞻性。

早在 2013 年，中国联通便积极响应国家大数据发展战略要求，投资兴建了中国联通贵安云数据中心。目前，数据中心第一期已建成 3 000 个机架，可容纳服务器 4.5 万台，产能利用率达到 70%，拟于今年开展二期的规模建设。

中国联通贵安云数据中心摒弃了利用小型枢纽机房富余产能开展商业运营的传统模式，开展大规模建设，将多个数据中心形成一体，快速提升了空间、功能、计算能力、内存、网络基础架构和存储资源能力。同时，借助服务器提供的计算、存储资源，系统将以云服务的形式，把诸如人工智能、大数据、数据库的能力提供给各企业。

（来源：2022.07 互联网周刊 /eNet 研究院 / 德本咨询联调）

单元 1　数字经济对经济发展的影响

数字经济对经济发展的重要性不可忽视。以下是数字经济对经济发展中几个重要方面产生的影响：

（1）创新和创业机会。数字经济为创新和创业提供了广阔的机会。数字技术的快速发展为新产品和服务的开发创造了条件。创业者可以利用数字平台和在线市场来推广他们的创意和创新解决方案。数字经济为创业者提供了更低的创业门槛和更广阔的市场机会，促进了经济的多元化和创造力的释放。

（2）就业机会和劳动力发展。数字经济的发展带来了大量的就业机会。数字技术的应用推动了新兴行业的发展，需要专业技能和数字素养的人才。数字经济不仅创造了高科技领域的工作岗位，还为各行各业提供了数字化转型的机会。同时，数字经济也为灵活就业和远程办公等新型就业模式提供了支持。

（3）生产效率和经济增长。数字技术的应用提高了生产效率，推动了经济增长。自动化、物联网和数据分析等数字技术可以优化生产流程、降低成本，并提高产品和服务的质量。数字经济还鼓励企业之间的合作与协同，加快了创新和技术迭代的速度，为经济增长提供了动力。

（4）市场发展和国际竞争力。数字经济改变了传统的市场结构，打破了地域限制，拓展了市场的边界。在线购物、电子商务和跨境贸易等数字化的商业模式推动了市场的扩大和国际之间的贸易。数字经济为企业提供了更多的销售渠道和营销机会，提升了企业的国际竞争力。

总而言之，数字经济通过创新、就业、生产效率和市场发展等方面的积极影响，为经济发展注入了新的动力和活力。然而，数字经济也面临着挑战，如数据安全和隐私保护等问题，需要政府和企业共同努力解决。只有充分利用数字技术的优势，才能最大程度地发挥数字经济对经济发展的重要作用。

1.1 数字经济对就业的影响

数字经济对就业产生了广泛而深远的影响。下面是一些数字经济对就业影响的关键方面：

（1）新兴职业的涌现。数字经济的崛起催生了一系列新兴职业，如数据科学家、人工智能工程师、网络安全专家、数字营销专员等。这些职业的需求不断增加，创造了大量的就业机会。

（2）工作模式的转变。数字经济推动了工作模式的转变，包括远程工作、自由职业和协同工作等。通过互联网和数字技术，人们可以在全球范围内与雇主和客户合作，不再局限于地理位置。这为就业提供了更多的灵活性和选择。

（3）传统行业的转型。数字经济的兴起迫使传统行业进行数字化转型，以适应新的市场需求和竞争环境。这导致了一些传统岗位的减少，但也创造了一些新的数字化岗位。例如，传统零售业的数字化转型催生了电商平台的兴起，也为电商运营人员和数字营销人员提供了岗位。

（4）自主创业的机会增加。数字经济为自主创业提供了更多的机会。互联网和社交媒体等数字平台为创业者提供了低成本的市场推广和销售渠道，使创业门槛降低。人们可以利用数字技术和在线平台创建自己的企业，从而创造就业机会。

（5）技能需求的改变。数字经济对劳动力技能需求提出了新的要求。数字技术的快速发展意味着人们需要具备与之相关的技能，如数据分析、编程、网络安全等。对于那些具备这些技能的人来说，这意味着就业机会更多，薪酬也相对较高。

总体而言，数字经济为就业市场带来了一系列的变化和机会。尽管一些传统岗位可能会减少，但数字经济的发展也创造了许多新的就业机会，特别是在数字技术和创新领域。因此，适应数字经济并具备相关技能的人们更有可能在就业市场中取得成功。

1.2 数字经济对产业转型升级的推动

数字经济对产业转型升级起到了重要的推动作用。下面是数字经济对产业转型升级的推动作用的一些关键方面：

（1）创新驱动。数字经济的兴起催生了许多创新技术和商业模式。通过数字技术的应用，企业可以开发出新产品、新服务和新业务模式，从而提升其竞争力和市场地位。数字经济推动了产业的创新驱动，促进了产业结构的优化和升级。

（2）效率提升。数字技术的应用可以大大提升生产和经营的效率。例如，自动化生产线、物联网技术和大数据分析等工具可以帮助企业实现生产过程的自动化和智能化，提高生产效率和质量。数字经济为产业提供了提升效率的工具和方法，促进了产业转型升级。

（3）产业融合。数字经济促进了不同产业之间的融合和协同发展。数字技术的发展使得产业之间的界限变得模糊，各个产业可以通过数字化的方式相互连接和合作。例如，互联网与传统零售业的结合催生了电商业务的兴起，数字技术与金融行业的融合推动了金融科技的发展。产业融合促进了资源的优化配置和创新的跨界合作。

（4）服务升级。数字经济为企业提供了更多提升服务质量和个性化的机会。通过数字技术，企业可以更好地理解和满足消费者的需求，提供定制化的产品和服务。数字经济推动了服务业的升级和创新，促进了产业的转型。

（5）国际竞争力。数字经济的发展提升了企业和国家的国际竞争力。具备先进数字技术和数字化运营能力的企业在国际市场上更具竞争力。数字经济促使企业加强技术创新和管理创新，提高产品质量和品牌价值，从而在全球市场上获得更高的地位。

综上所述，数字经济通过驱动创新、提升效率、推动产业融合、提升服务质量和国际竞争力等方面的作用，推动了产业的转型升级。数字经济为企业和国家提供了巨大的发展机遇，也给经济结构和发展模式带来了深远的影响。

1.3 数字经济对创新能力的促进

数字经济对创新能力的促进具有以下几个方面的影响：

（1）技术创新。数字经济以其快速发展的技术为基础，不断推动着科技创新的进程。数字技术的应用为企业和创新者提供了更多的工具与平台，使他们能够开发出新产品、新服务和新业务模式。例如，人工智能、大数据分析、物联网、区块链等数字技术的不断发展，催生了许多创新的应用和解决方案。

（2）创新环境的改善。数字经济创造了一个开放、共享的创新环境。通过数字技术和互联网的连接，创新者可以更加方便地获取知识、信息和资源，与其他创新者进行合作和交流。数字经济提供了创新平台、孵化器、众包和众创空间等新的创新载体，促进了创新活动的开展。

（3）用户驱动创新。数字经济强调用户参与和用户体验，鼓励用户主动参与产品和服务的创新过程。数字技术使企业能够更好地了解用户需求和偏好，通过用户反馈和数据分析进行产品迭代与改进。用户参与的创新模式促使企业更加注重用户体验和价值创造，驱动创新能力的提升。

（4）新兴业态的涌现。数字经济催生了许多新的业态和商业模式，为创新提供了新的空间和机会。例如，共享经济、平台经济、电子商务等新兴业态的兴起，通过创新的商业模式和运营方式，满足了人们新的消费需求和生活方式。这些新兴业态促进了创新活动的多样化和扩大。

（5）数据驱动创新。数字经济产生了大量的数据，这些数据成为创新的重要资源。通过数据的收集、分析和挖掘，企业可以获得深入的市场洞察和消费者行为模式，从而进行精准的创新和决策。数据驱动创新促进了更加科学和有效的创新过程。

综上所述，数字经济通过技术创新、创新环境的改善、用户驱动创新、新兴业态的涌现和数据驱动创新等方面的影响，对创新能力的提升起到了重要的推动作用。数字经济为创新者提供了更多的机会和平台，推动了经济的发展。

1.4　数字经济对社会发展的影响

数字经济对社会发展产生了广泛而深远的影响，以下是几个关键方面：

（1）经济增长与就业机会。数字经济的发展推动了经济增长和创造了大量的就业机会。数字技术的应用促进了各个行业的效率提升和创新能力的增强，推动了产业结构的优化和升级。这为社会创造了更多的就业机会和经济增长的动力。

（2）信息获取与知识普及。数字经济通过互联网和数字技术，使信息获取变得更加便捷和广泛。人们可以通过网络获取各种知识、教育资源和文化内容，促进了知识的普及和信息的共享。这有助于提高人们的素质和技能水平，推动社会的全面发展。

（3）社交互动与文化交流。数字经济催生了各种社交媒体平台和在线社区，改变了人们之间的社交互动方式。人们可以通过社交媒体与全球范围内的人建立联系和交流。另外，数字经济也促进了跨文化的交流和文化内容的传播，丰富了人们的文化体验和交流平台。

（4）公共服务与民生改善。数字经济为公共服务提供了更高效和便捷的途径。政府可以通过数字技术提供在线政务服务、电子支付和电子健康等公共服务，提高公共服务的效率和质量，满足人们的需求。数字经济也为农村地区和偏远地区的居民提供了更多的公共服务和就业机会，推动了社会的均衡发展。

（5）创业与创新创造。数字经济为创业者提供了更多的机会和创造力的空间。互联网和数字技术的发展降低了创业的门槛，创业者可以通过在线平台和数字化工具实现创新与商业发展。这促进了创新创造的活跃，培育了更多的创业精神和创新型企业。

总体而言，数字经济对社会发展产生了积极的影响。它促进了经济增长和就业机会的创造，提高了人们获取信息和知识的能力，改善了社交互动和文化交流，提升了公共服务和民生水平，也激发了创业和创新创造的活力。然而，数字经济也带来了一些挑战和问题，如数字鸿沟、隐私保护和网络安全等，需要人们在发展中关注并解决。

单元 2　国内外数字经济政策比较

2.1　国内数字经济政策的主要内容与目标

知识拓展：《国务院关于印发“十四五”数字经济发展规划的通知国发〔2021〕29号》

国内数字经济政策的主要内容和目标通常包括以下几个方面：

（1）推进数字技术创新。政府鼓励和支持数字技术的研发和创新，推动前沿技术的应用和商业化。政策措施包括提供研发经费和税收优惠、建立创新创业孵化器和科技园区等，以激励创新者和企业进行技术创新，推动数字经济的发展。

（2）优化数字基础设施。政府加大对数字基础设施建设的投资力度，包括宽带网络、数据中心、云计算基础设施等。政策目标是提高网络覆盖范围和质量，降低网络接入成本，促进数字经济的普及和发展。

（3）促进传统产业的数字化转型。政府鼓励传统产业和企业加快数字化转型，推动数字技术在各个行业的广泛应用。政策包括提供资金支持和政策指导，推动企业进行数字化升级和转型，提高生产效率和竞争力。

（4）加强数据资源管理。政府制定相关政策和法规，促进数据资源的开放共享和合理利用。政策内容包括建立数据开放和共享的机制、加强数据安全保护和隐私保护，推动数据的流动和交换，促进数据驱动的创新和经济发展。

（5）培育数字经济生态系统。政府致力于创造良好的数字经济生态环境，包括培育创新创业氛围，完善法律法规和政策体系，提供创新金融支持等。政策目标是吸引和扶持数字经济企业，促进数字经济的发展和繁荣。

（6）推动人才培养和人力资源发展。政府加大对数字经济人才培养的投入和支持，建立相关的培训机制和教育体系，培养适应数字经济发展需求的高素质人才。政策包括提供奖励和补贴措施、建立创新人才培养基地等，以满足数字经济发展对人才的需求。

总体而言，国内数字经济政策的主要目标是推动数字技术创新、优化数字基础设施、促进传统产业的数字化转型、加强数据资源管理、培育数字经济生态系统，以及致力于人才培养和人力资源发展。这些政策旨在推动数字经济的健康发展，促进经济转型升级和社会进步。

1. 促进数字经济发展的政策措施

为促进数字经济的发展，政府可以采取多种政策措施，以下是一些常见的措施：

（1）技术研发和创新支持。政府提供资金支持、税收优惠和研发补贴等措施，鼓励企业和研究机构进行数字技术的研发与创新。政府还可以设立科技创新基金，支持具有潜力的数字经济项目和初创企业。

（2）优化数字基础设施。政府加大对数字基础设施建设的投资，提升宽带网络的覆盖范围和速度，推动云计算、大数据和物联网等基础设施的建设。政府还可以鼓励私营部门投资数字基础设施，并制定相应的政策和标准。

（3）促进数字化转型。政府提供政策指导和咨询支持，帮助传统产业和企业进行数字化转型。政府可以设立数字化转型基金，为企业提供贷款和资金支持，推动其实施数字化战略和升级传统业务。

（4）数据开放和共享。政府制定数据开放和共享的政策框架，鼓励各部门和机构开放数据资源，并建立数据共享的机制和平台。政府可以推动行业之间数据的交换和共享，促进数据驱动的创新和合作。

（5）金融支持和创业环境改善。政府通过设立风险投资基金、创业孵化器和科技园区等，为数字经济企业提供资金和资源支持。政府还可以简化创业登记和审批流程，提供创业培训和咨询服务，改善创业环境，鼓励更多的创业者和创新企业。

（6）人才培养和引进政策。政府加大对数字经济人才培养的投入，建立数字经济人才培训体系和教育机制，提供奖学金和奖励措施，吸引和培养高素质的数字经济人才。另外，政府还可以实施人才引进政策，吸引国内外的优秀人才参与数字经济的发展。

上述政策措施的目标是为数字经济的发展提供支持和推动，促进技术研发和创新支持、优化数字基础设施、推动数字化转型升级、促进数据开放和共享、金融支持和改善创业环境，以及培育人才和引进等方面发挥积极作用。

2. 加强数字基础设施建设的政策措施

为加强数字基础设施建设，政府可以采取以下政策措施：

（1）投资和资金支持。政府增加对数字基础设施建设的投资，提供资金支持和贷款担保等政策措施，鼓励私营部门和企业参与数字基础设施的建设。

（2）加快宽带网络建设。政府制定并执行宽带网络建设规划，提高宽带网络的覆盖范围和质量。政府可以推动光纤网络的铺设，提升宽带速度和稳定性，以满足数字经济的需求。

（3）优化数据中心建设。政府鼓励和支持数据中心的建设，提供土地、税收和能源等方面的优惠政策，吸引企业投资建设数据中心。政府还可以加强数据中心的标准和监管，确保数据安全性和可靠性。

（4）推动云计算发展。政府鼓励企业采用云计算技术，提供云计算基础设施的建设和支持。政府可以制定相关标准和政策，推动云计算的普及和应用，促进云计算服务提供商的发展。

（5）加强物联网基础设施建设。政府推动物联网技术的应用和发展，加大对物联网基础设施的建设投资。政府可以提供资金支持和政策激励，鼓励企业在物联网领域进行创新和投资。

（6）支持 5G 网络建设。政府制定 5G 网络建设规划，推动 5G 基站的建设和覆盖范围的扩大。政府可以提供频谱资源、优惠政策和资金支持，加速 5G 网络的建设和商用化进程。

（7）改善数字基础设施政策环境。政府加强对数字基础设施建设的规划和管理，优化审批流程，简化手续和减少建设成本。政府还可以建立相关标准和监管机制，确保数字基础设施的安全性和可靠性。

上述政策措施旨在加强数字基础设施的建设，提高网络覆盖和质量，推动云计算、物联网、5G 等技术的应用，为数字经济的发展提供坚实的基础（图 5-1）。

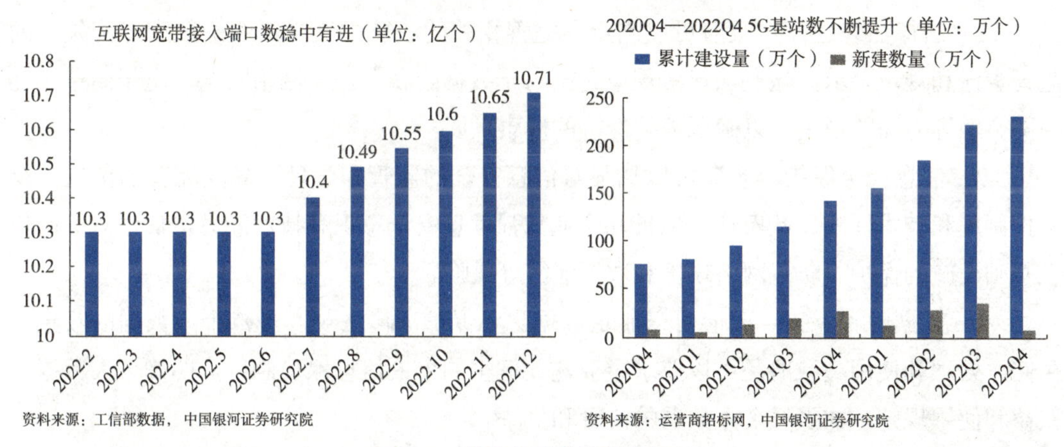

图 5-1 数字基础设施增长情况

3. 培育数字经济产业的政策措施

为培育数字经济产业，政府可以采取以下政策措施：

（1）创业孵化和创新支持。政府可以设立创业孵化器和科技园区，提供场地、资金和导师等支持，帮助数字经济初创企业起步和发展。政府还可以设立创新基金，提供风险投资和股权投资，促进创新企业的成长。

（2）产业政策和规划。政府可以制定数字经济产业的政策和规划，明确发展方向和重点领域，鼓励企业在人工智能、大数据、物联网、云计算等领域进行创新和投资。政府还可以提供优惠政策和补贴，吸引企业投资数字经济产业。

（3）人才培养和引进。政府加大对数字经济人才培养的投入，建立相关教育体系和培训机制，提供奖学金和奖励措施，培养高素质的数字经济人才。政府还可以实施人才引进政策，吸引国内外优秀人才参与数字经济产业的发展。

（4）金融支持和资金引导。政府可以设立创新创业基金和风险投资基金，提供资金支持和股权投资，为数字经济企业提供融资渠道。政府还可以鼓励金融机构创新金融产品和服务，满足数字经济产业的融资需求。

（5）国际合作与交流。政府可以推动数字经济产业的国际合作与交流，促进技术创新和经验共享。政府还可以促进国际合作项目和合作研究，吸引国际企业和机构在国内设立研发中心与创新基地。

（6）知识产权保护。政府可以加强知识产权的保护和执法，建立知识产权保护体系，保护数字经济产业的创新成果和知识产权权益。

上述政策措施旨在培育数字经济产业，鼓励创新创业，提供金融支持和人才培养，促进国际合作，保护知识产权，推动数字经济产业的发展和壮大。

4. 加强数字经济监管与风险防范的政策措施

为加强数字经济监管与风险防范，政府可以采取以下政策措施：

（1）法律法规建设。政府可以制定和完善相关的法律、法规，明确数字经济领域的监管责任和规范要求。这些法律法规应包括对于数据隐私保护、网络安全、电子商务、互联网金融等方面的规定，以确保数字经济的健康发展。

（2）信息安全保护。政府可以加强对信息安全的监管和管理，建立完善的信息安全保护制度和技术标准。政府还可以推动企业加强信息安全意识和技术能力，加强对关键信息基础设施的保护，防范网络攻击和数据泄露等风险。

（3）数据隐私保护。政府可以制定数据隐私保护法律法规，规范个人数据的收集、存储、处理和使用。政府还可以要求企业建立健全的个人信息保护制度，明确个人数据的权益和使用规则，加强对个人数据的监管和执法。

（4）金融风险防范。政府可以加强对数字经济金融活动的监管，防范金融风险。政府还可以设立金融监管机构，制定并执行相应的金融监管政策，加强对互联网金融、虚拟货币等领域的监管，防止金融乱象和风险传导。

（5）消费者权益保护。政府可以加强对数字经济消费者权益的保护，完善相关法律法规和投诉处理机制。另外，政府还可以设立消费者权益保护机构，加强对虚假广告、不当销售和侵权行为的监管与打击，维护消费者的合法权益。

（6）跨境数据流动管理。政府可以加强跨境数据流动的管理和监管，确保数据的安全和合法流动。政府还可以与其他国家和地区建立数据流动合作机制，制定数据交换和保护的准则，促进数据跨境流动的有序发展。

上述政策措施旨在加强数字经济的监管与风险防范，保护数据安全和个人隐私，防范金融风险，维护消费者权益，促进数字经济的可持续发展。

2.2 国外数字经济政策的主要特点与经验

国外数字经济政策的主要特点和经验可以总结如下：

（1）创新驱动。国外数字经济政策注重创新驱动，鼓励科技创新和技术研发。政府支持和引导企业进行技术创新，推动数字经济产业的发展和升级。例如，美国的创新型企业孵化器和加速器，以及欧洲的科技创新中心和科技园区。

（2）产业培育。国外数字经济政策注重培育数字经济产业，发展新兴技术和领域。政府通过提供资金支持、税收优惠和政策激励等手段，吸引和扶持数字经济企业的发展。例如，中国的“互联网 +”行动计划和德国的工业 4.0 计划。

（3）人才引进和培养。国外数字经济政策注重引进和培养高素质的数字经济人才。政府设立教育和培训机构，提供奖学金和奖励措施，吸引和培养数字经济领域的专业人才。例如，加拿大的技术移民计划和新加坡的科技人才引进计划。

（4）数据保护和隐私权保障。国外数字经济政策注重数据保护和隐私权保障。政府制定法律、法规，规范数据的收集、存储、处理和使用，保护个人和企业的数据安全与隐私权益。例如，欧盟的通用数据保护条例和加拿大的个人信息保护与电子文件法。

（5）跨部门协作和合作。国外数字经济政策强调跨部门协作和合作，推动政府机构之间的协调与合作。政府通过建立跨部门的协调机制，整合资源和力量，共同推动数字经济的发展。例如，英国的数字经济委员会和澳大利亚的数字经济战略委员会。

（6）国际合作和开放市场。国外数字经济政策注重国际合作和开放市场。政府推动数字经济产业的国际合作与交流，促进技术创新和经验共享。同时，政府开放市场，吸引外国投资和企业参与数字经济产业的发展。例如，新加坡的国际科技合作计划和爱尔兰的数字经济开放政策。

上述国外数字经济政策的特点和经验为我国提供了借鉴与参考，对于制定和实施国内数字经济政策具有重要的意义。

1. 美国的数字经济政策

美国的数字经济政策主要集中在以下几个方面：

（1）创新与科技发展。美国致力于促进创新和科技发展，鼓励科技创业和技术研发。政府通过资金支持、税收优惠和创新基金等手段，支持科技创新企业的成长。同时，美国也注重科技教育和人才培养，为数字经济产业培养高素质的人才。

（2）数字基础设施建设。美国重视数字基础设施的建设，包括宽带网络、云计算基础设施等。政府通过投资和政策支持，推动宽带网络的普及和提速，为数字经济提供良好的基础设施环境。

（3）数据保护与隐私权保护。美国关注数据保护和隐私权保护问题。政府制定了一系列法律法规，包括个人信息保护法和数据隐私法等，以保护个人和企业的数据安全与隐私权益。

（4）产业培育和支持。美国政府通过税收激励、资金支持和创新基金等手段，促进数字经济产业的发展。政府鼓励企业进行技术创新和投资，推动数字经济领域的新兴产业的壮大。

（5）跨部门协作和合作。美国政府注重跨部门的协作和合作，推动数字经济政策的制定和实施。政府机构之间进行信息共享和合作，加强监管和政策协调，以推动数字经济的发展。

（6）国际合作与贸易。美国在数字经济领域也注重国际合作和贸易。政府与其他国家和地区进行合作，推动数字经济产业的国际合作与交流。同时，美国也鼓励数字经济企业参与国际市场竞争，从而促进数字经济产业的全球化发展。

以上是美国的数字经济政策的主要方向和举措，旨在推动数字经济的创新与科技发展，提升数字基础设施，保护数据安全和隐私权益，培育数字经济产业，加强跨部门协作和合作及国际合作贸易。

2. 欧盟的数字经济政策

欧盟的数字经济政策主要涉及以下几个方面：

（1）数字单一市场。欧盟致力于建立数字单一市场，消除数字经济领域的壁垒和障碍。通过统一的法律、法规和标准，促进数字产品和服务在欧盟成员国之间的自由流动，提高了数字经济的整体竞争力。

（2）数据保护与隐私权保护。欧盟重视数据保护和隐私权保护，制定了通用数据保护条例，为个人提供更好的数据隐私保护。该法规规定了个人数据的收集、存储、处理和使用的规则，增强了个人对自己数据的控制权。

（3）数字技术的发展和创新。欧盟注重数字技术的发展和创新。政府通过资金支持和研发项目，推动数字技术的研究和应用，培育数字技术领域的创新企业和初创企业。

（4）数字教育和人才培养。欧盟注重数字教育和人才培养，以满足数字经济领域对高素质人才的需求。政府鼓励学校和教育机构开设与数字经济相关的课程，为学生提供培训和技能提升机会，培养数字经济人才。

（5）数字市场监管。欧盟加强数字市场的监管，保护消费者权益和竞争环境。政府监测市场行为，打击虚假广告、不当销售和侵权行为，维护数字市场的公平竞争和消费者权益。

（6）跨境数据流动管理。欧盟关注跨境数据流动的管理和保护。政府制定了通用数据保护条例和数据保护指令，规范了个人数据的跨境传输和处理，确保数据的安全和合法流动。

（7）可持续发展与数字经济的结合。欧盟注重可持续发展与数字经济的结合。政府提出了数字化和绿色转型的战略，鼓励数字经济领域的可持续创新和解决方案，推动数字经济与环境保护的融合。

欧盟的数字经济政策旨在构建数字单一市场，推动数字技术发展和创新，保护数据隐私和消费者权益，培育数字经济人才，加强市场监管和跨境数据流动管理，并促进可持续发展。这些政策措施有助于欧盟成员国在数字经济时代实现共同繁荣和可持续发展。

3. 亚洲国家的数字经济政策

亚洲国家的数字经济政策因国家之间的差异而有所不同。以下是一些亚洲国家数字经济政策的主要方向和举措的例子：

（1）中国。中国实施了一系列数字经济政策，其中包括“互联网 +”行动计划。该计划鼓励数字技术与传统产业融合，推动创新创业和数字经济的发展。政府支持创新企业孵化器和科技园区建设，提供资金支持和税收优惠，培养数字经济人才，推动数字基础设施建设，加强数据安全和隐私保护。

（2）印度。印度实施了“数字印度”计划，旨在推动数字经济的发展。政府鼓励数字支付和电子商务的普及，推动数字技术在农业、教育、健康等领域的应用。政府提供数字技术培训和就业机会，促进数字技术的创新和人才培养。

（3）韩国。韩国重视数字经济的发展，实施了“智能韩国”计划。政府鼓励数字技术的研发和创新，推动人工智能、物联网、大数据等领域的发展。政府提供资金支持和税收优惠，培育数字经济产业，加强数据保护和隐私权保护。

（4）新加坡。新加坡致力于成为亚洲的数字经济中心，实施了“智慧国家”计划。政府鼓励数字技术的应用和创新，推动数字支付、电子政务、智能交通等领域的发展。政府提供资金支持和创新基金，吸引国际企业和人才参与数字经济产业。

（5）日本。日本实施了“超级智慧社会”战略，旨在推动数字经济的发展。政府鼓励数字技术的研发和创新，推动人工智能、机器人、物联网等领域的应用。政府提供资金支持和税收优惠，培育数字经济产业，加强数据保护和隐私权保护。

上述亚洲国家的数字经济政策旨在促进数字经济的发展、推动科技创新和创业、提升数字基础设施、加强数据安全和隐私保护、培育数字经济人才、吸引国内外投资、推动经济转型和增长。这些政策和措施的实施有助于亚洲国家在数字经济领域获得竞争优势，并实现经济的可持续发展。

单元3　数字经济政策的制定与实施

3.1　数字经济政策制定的基本原则与流程

1. 数字经济政策制定的基本原则

（1）公平性与公正性。政策制定应确保公平性和公正性，平衡各利益相关方的权益，避免偏袒某个特定群体或利益集团。政策应基于事实和数据，充分考虑社会公众的需求和利益。

（2）可行性与可持续性。政策应具备可行性和可持续性，考虑政策的实施可行性、成本效益及长期影响。政策制定过程中需要进行综合评估和风险分析，确保政策的可持续性和有效性。

（3）参与与合作。政策制定应注重广泛的参与和合作，包括政府部门、民间组织、专家学者、行业代表等各利益相关方的参与。政策制定的过程应透明、开放，听取各方意见和建议，形成共识和合作。

（4）以数据驱动与证据为基础。政策制定应基于数据和证据，遵循科学、客观的原则。政策制定过程中需要进行数据收集、研究分析和评估，确保政策的科学性和有效性。

（5）法律依据与法制保障。政策制定应遵循法律依据和法制程序，确保政策的合法性和合规性。政策应符合国家法律法规的要求，也应考虑国际法律框架和国际承诺。

2. 数字经济政策制定的基本流程

（1）问题识别与政策需求。确定社会经济领域存在的问题和政策需求，包括通过研究、调查、数据分析等手段进行问题识别和需求评估。

（2）政策制定目标与原则。确定政策制定的目标和基本原则，明确政策的导向和理念。

（3）政策制定方案设计。设计政策制定方案，包括制定政策目标、措施和实施路径。在设计方案时需要考虑政策的可行性、可持续性、效果评估等因素。

（4）参与和合作。开展广泛的参与和合作，包括利益相关方的参与、听取各方意见和建议，形成共识和合作。

（5）政策评估与调整。对政策方案进行评估和调整，包括评估政策的效果、成本效益、风险等，根据评估结果进行政策的修订和调整。

（6）政策实施与监测。制定详细的实施计划和措施，确保政策的有效实施。同时，还需进行政策的监测和评估，及时调整政策措施和路径。

以上是政策制定的基本原则与流程的一般性描述，具体的政策制定过程可能因国家、领域和具体情况而有所不同。

3.2 数字经济政策的实施机制与措施

数字经济政策的实施机制与措施可以包括以下内容：

（1）政策协调机制。建立跨部门的协调机制，确保政策的统一性和一致性。各相关政府部门应密切合作，共同制定和实施数字经济政策，协调各自的职责和行动。

（2）法律、法规制定与完善。制定和完善相关的法律、法规，为数字经济提供合理的法律框架和规范。政府应加强对数字经济领域的监管和监督，保护消费者权益，维护市场秩序和公平竞争。

（3）资金支持与投资促进。政府可以提供资金支持和投资促进措施，鼓励企业在数字经济领域进行创新和投资。其中包括设立专项基金、提供贷款和补贴等方式，支持创新企业、初创企业和数字经济产业的发展。

（4）人才培养与技能提升。政府应加强数字经济人才培养和技能提升，为数字经济行业提供高素质的人才支持。其中包括推动教育体系的调整和创新，开展培训和技能提升计划，鼓励学校和教育机构开设与数字经济相关的课程。

（5）基础设施建设与技术推广。政府应加大对数字基础设施的建设投入，提升数字网络、云计算、物联网等基础设施的覆盖和质量。同时，政府还要推广先进的数字技术和应用，鼓励企业采用新技术，推动数字经济的创新和发展。

（6）数据安全与隐私保护。政府应加强数据安全和隐私保护的监管与管理。制定相关法律、法规和标准，加强数据保护的技术手段和控制措施，保障个人和企业的数据安全与隐私权益。

（7）国际合作与开放共享。政府应加强国际合作，推动数字经济领域的开放和共享。与其他国家和地区分享经验与最佳实践，促进数字经济的国际交流与合作，打造开放、包容的数字经济生态系统。

上述为数字经济政策的一些实施机制与措施的例子，具体的实施方式和措施应根据不同国家和地区的实际情况来制定。

3.3 数字经济政策的监测与评估

数字经济政策的监测与评估是确保政策有效性和调整的重要手段。以下是数字经济政策监测与评估的主要内容和方法：

（1）监测指标的确定。确定监测数字经济政策实施的关键指标，包括数字经济增长率、数字化普及率、数字经济就业数据、数字技术创新等。这些指标应能够客观地反映数字经济的发展状况和政策实施效果。

（2）数据收集和分析。收集和整理与数字经济相关的数据，包括经济数据、社会数据、技术数据等。通过采用数据分析方法，对政策实施过程和效果进行定量与定性的评估，识别政策的潜在问题和机会。

（3）利益相关方意见收集。开展利益相关方的意见调查和反馈机制，包括政府部门、企业、行业协会、民间组织、学术界等。通过问卷调查、专家访谈、工作坊等方式，了解各方对政策的看法和建议，收集实际经验和案例。

（4）政策评估报告。编制定期的政策评估报告，对数字经济政策的实施效果进行综合评估和分析。政策评估报告应包括政策目标的达成情况、政策实施的成本效益、政策措施的有效性等方面的评估结果，并提出调整和改进的建议。

（5）政策调整与优化。根据监测和评估结果，及时调整和优化数字经济政策。政府部门应根据评估报告的建议，进行政策修订和改进，以提高政策的针对性、有效性和可持续性。

（6）国际经验借鉴。借鉴和学习其他国家和地区的数字经济政策实践和经验。与国际组织和其他国家开展交流与合作，分享数字经济政策的监测与评估方法和经验，推动国际经验的应用和创新。

数字经济政策的监测与评估应该是一个持续的过程，以确保政策的有效性、适应性和可持续性。监测与评估的结果将为政策制定者提供重要的决策依据，同时，也可以增强政策的透明度和公众参与。

单元4　数字经济政策的评价与调整

4.1　数字经济政策评价的指标体系

数字经济政策评价的指标体系可以根据具体政策目标和实施情况来设计。以下是一些常见的评价指标。

1. 数字经济增长指标

（1）数字经济增长率：衡量数字经济产值和就业的增长速度。

（2）数字经济贡献率：数字经济在国内生产总值（GDP）中所占的比例。

（3）数字经济创造的增值税收收入：数字经济活动带来的增值税收入。

2. 数字化普及指标

（1）互联网普及率：衡量互联网用户的覆盖范围和普及程度。

（2）移动互联网普及率：衡量移动互联网用户的覆盖范围和普及程度。

（3）电子商务渗透率：衡量电子商务在零售业和服务业中的渗透程度。

3. 数字经济就业指标

（1）数字经济就业人数：衡量数字经济领域的就业机会和就业人数。

（2）数字经济就业结构：衡量数字经济就业的行业分布和职业结构。

4. 创新能力指标

（1）数字技术创新指数：衡量国家或地区在数字技术创新方面的能力和水平。

（2）科研与开发投入比例：衡量国家或地区在数字技术研发和创新方面的投入比例。

5. 数字经济基础设施指标

（1）宽带普及率：衡量宽带互联网的普及程度和覆盖范围。

（2）5G 网络覆盖率：衡量 5G 网络的覆盖范围和普及程度。

（3）电子支付渗透率：衡量电子支付在支付领域的普及程度。

6. 数据安全与隐私保护指标

（1）数据安全法律、法规的完善程度：衡量国家或地区在数据安全法律、法规方面的完善程度。

（2）个人数据隐私保护措施：衡量个人数据隐私保护措施的严密程度。

7. 社会影响指标

（1）数字鸿沟缩小程度：衡量数字经济发展对于社会不平等和数字鸿沟的影响。

（2）公众对数字经济的认知和接受程度：衡量公众对数字经济的了解程度和接受程度。

评价指标体系的设计应综合考虑政策目标的多样性和政策实施的特点，选择适合的指标进行评估，并结合定量和定性分析方法，综合评价数字经济政策产生的效果和带来的影响力。

4.2 数字经济政策评价的方法与工具

数字经济政策评价的方法与工具可以根据评价目的和数据可获得性来选择。以下是一些常见的评价方法与工具。

1. 数据分析方法

（1）统计分析：利用统计学方法对相关数据进行分析，如回归分析、相关性分析等，以揭示政策与指标之间的关系。

（2）比较分析：对不同地区、不同时间段或不同政策实施情况进行比较，评估政策效果的差异。

（3）趋势分析：通过分析时间序列数据，追踪数字经济指标的变化趋势，评估政策的长期影响。

2. 调查与问卷

（1）利益相关方调查：通过调查政府部门、企业、行业协会、民间组织等利益相关方的意见和反馈，了解他们对政策的看法和评价。

（2）用户调查：针对数字经济服务和产品的用户进行调查，了解他们对产品和服务的满意度、使用体验等。

3. 专家评估

（1）专家访谈：邀请领域内专家进行面对面访谈，获取他们对政策的评价、建议和意见。

（2）专家评审：组织专家团队对政策进行评审，基于专业知识和经验提供评估报告。

4. 成本效益分析

评估政策实施过程中产生的成本和相应的效益，包括直接经济效益和间接社会效益。

5. 案例研究与实证分析

（1）案例研究：选择代表性的数字经济政策案例，深入研究其实施过程、效果和影响，提供具体案例和经验分享。

（2）实证分析：通过实证研究和实地调研，收集实际数据和案例，深入分析政策的实际效果和局限性。

6. 模型与仿真

（1）经济模型：建立数字经济的经济模型，对政策进行模拟和预测，评估政策对经济增长、就业等方面的影响。

（2）仿真实验：利用计算机仿真技术对政策进行虚拟试验，模拟不同政策措施对数字经济的影响。

数字经济政策评价的方法与工具的选择应根据具体情况，综合运用多种方法，以获取全面准确的评价结果，并为政策制定者提供科学决策依据。

4.3 数字经济政策调整的原则与路径

数字经济政策的调整应基于以下原则与路径：

（1）定期评估与监测。建立定期评估和监测机制，对数字经济政策的实施效果进行评估。根据评估结果及时调整政策，确保政策与实际情况相适应。

（2）灵活性与适应性。数字经济发展快速变化，政策调整应具有灵活性和适应性。根据技术进步、市场需求和产业发展的变化及时调整政策目标、重点和措施。

（3）重视创新与试验。数字经济政策调整应鼓励创新和试验。通过创新试点、政策试验等方式来探索新的政策工具和措施，积累经验教训，为政策的调整提供依据。

（4）多元参与与合作。在数字经济政策的调整过程中，应加强多元利益相关方的参与和合作。政府、企业、学术界、社会组织等各方应密切合作，共同制定和调整政策，确保政策的合理性和可行性。

（5）协同政策配套。数字经济政策的调整应注重政策的协同配套。不同政策领域之间应相互配合、相互促进，形成政策的整体效果和协同效应。

（6）国际经验借鉴。数字经济政策的调整应积极借鉴和学习其他国家与地区的数字经济政策经验，还要开展国际交流与合作，学习先进实践，为政策调整提供参考和借鉴。

在数字经济政策的调整过程中，需要平衡各种因素和利益，确保政策的有效性、可持续性和包容性。政策调整应综合考虑数字经济发展的动态变化和社会经济发展的整体目标，为数字经济的健康发展提供良好的政策环境。

思考与实训

1. 结合社会生活中的现象，解释数字经济政策的应用体现在哪些方面。
2. 在数字经济的背景下，企业如何更好地把握和利用数字经济政策？

MODULE 6

模块 6

数字经济人才培养

名人名言

数字经济的发展需要解决数据安全和隐私保护等问题，同时也需要加强人才培养和技术创新，才能推动数字经济的可持续发展。

——雷军，小米集团创始人兼董事长兼 CEO

学习目标

知识目标：

通过学习本模块，了解数字经济对人才的需求及供给的现状分析，掌握数字经济人才培养的策略和措施。

技能目标：

能够运用专业知识和分析方法对经济人才数据进行分析。

素养目标：

通过对数字经济人才的需求、供给现状的学习，提升自身良好的道德修养、社会责任感、敬业精神和创新意识。

强化数字人才队伍建设 加快推动数字经济高质量发展

作者：鄢圣文 陶庆华（分别系北京市习近平新时代中国特色社会主义思想研究中心特约研究员、北京市社会科学院管理研究所副研究员；北京市侨联副主席、华夏国际智库理事长）

党的二十大报告强调，加快发展数字经济，促进数字经济和实体经济深度融合，打造具有国际竞争力的数字产业集群。在数字经济变革浪潮中，人才是发展的第一资源，数字经济的创新驱动实质是人才驱动。2022 年，我国数字经济规模 50.2 万亿元，占 GDP 比例 41.5%。随着数字技术的发展及网络信息技术不断向传统领域扩张和融合，对于数字人才的要求不断提升，数字人才需求缺口持续加大。习近平总书记强调，要提高全民全社会数字素养和技能，夯实我国数字经济发展社会基础。深入贯彻落实习近平总书记重要讲话精神，必须通过强化数字人才队伍建设，加快推动数字经济高质量发展。

近年来，我国数字人才队伍建设取得显著成就，但还面临一系列新问题、新风险，影响到数字经济的高质量发展。一是数字人才的规模、质量和结构与数字经济产业发展需求不匹配。调研显示，京津冀、长三角、粤港澳三大城市群集中了全国 70% 的数字人才，可谓人才济济，而其他地区却面临数字人才不足的状况，据统计，我国数字人才缺口已接近 3 000 万人。二是数字人才培养体系滞后于数字经济相关产业的发展需要。人才培养机构与数字职业的对接不够，数字经济相关专业的教学内容跟不上新兴产业的发展形势，数字经济相关学科的内涵和范围仍不明确，有相当比例的传统教学团队不熟悉实际业务场景，很多学校面临交叉学科背景人才不足的问题。总体来看，不少数字经济相关专业的毕业生在能力建设、数据思维等方面难以与当前产业发展的需求相匹配。三是高水平平台载体的集聚能力不足，人才引进政策的区分度不高，数字人才“选育用流”政策衔接不畅，传统引才制度已不能满足企业灵活用工的需求，数字经济领域的人才存在保有率低且流动性强的特点。

当前，世界百年未有之大变局加速演变，数字经济加速向纵深发展。强化数字人才队伍建设是顺应数字时代要求，厚植人力资本新优势，提升国家人才竞争力的必然选择。全社会必须牢固树立人才是第一资源的理念，激发数字人才潜能，强化数字经济的人才支撑，为数字经济高质量发展注入强大驱动力。

一是分析数字经济行业特征，制定数字人才发展战略。充分了解数字人才的现状和需求，从行业特点、人才功能、人才特点等角度分析人才储备的优劣势，推动数字人才战略规划及相关措施的落地。数字经济的快速发展加速了人才流动，城市的数字化转型和新经济形态的发展，为数字经济相关产业的发展带来新机遇，也为人才流动带来新的可能。大城市拥有数字经济相关产业所需的基础设施、人才、技术等优势，吸引数字人才不断汇集。从整体看，一线城市成为数字人才主要流入地，新一线城市人才活跃度高，加速了区域之间的人才流动。为此，各省市在人才政策制定过程中需要全面考虑影响因素，在人才战略框架下明确数字经济发展需要的人才方向，并充分考虑数字人才储备、人才结构及本地的优劣势。

二是完善知识能力体系，探索人才培养新模式。针对当前数字技术在数字经济中的应用现状，分析和研究所需数字人才的知识与能力体系。从政府来看，在政策、财政、基础教育等方面应加大相关数字人才培养力度，为人才成长提供更多更好的机会和渠道。加强数字领域领军科技人才和创新团队的培养与建设，加快形成数字人才队伍的雁阵格局。从高校来看，应将与数字经济相关的技术知识融入课程体系，积极推进产学研融合创新，全面加快数字技术创新成果转化应用和数字顶尖人才培养。探索产教融合教育新模式，构建高职院校与用人单位高度协调、政府推动与社会支持相结合的数字化人才职业培养体系。从企业来看，应注重为数字人才提供充足的支持资源和可持续发展措施。企业是数字经济发展的主体，是培养数字人才的主体，因此应引导企业优化综合性数字人才的开发机制和选拔培养体系，营造积极宽松的育人氛围。鼓励人才自我提升，加强多元化人才体系建设。龙头企业要着眼于全行业，打造数字化转型所需要的瓶颈人才。

三是把握全球人才竞争新格局，探索引进国际人才新途径。在企业数字化进程中，呈现出业务与技术双轮驱动的特点，人工智能、区块链、云计算和大数据等是极具潜力的热点领域，企业渴求拥有较强的技术能力、良好的商业意识、人工智能算法知识或数据科学背景的人才。为此，应尊重国际人才流动规律，把握全球人才竞争新形势，以更广阔的国际视野进行前瞻性布局，大力探索全球人才引进新路径。加强源头引进，打破人才流动障碍。开展国际合作双向模式，对标国际规则和市场规则，构建数字经济国际合作网络。规范评价标准，开辟高端人才绿色通道。推出加强版高端人才引进计划，进一步探索建立试点外籍人才服务保障体系，形成统一领导、多方参与的社会融合促进体系。

四是完善人才扶持政策，提升服务保障能力。完善数字人才扶持政策。鼓励落实数字领军人才梯队、科研条件、管理机制等扶持政策。完善人才激励机制，建立信任型人才利用机制，依托数字平台探索构建充分体现知识、技术等创新要素价值的收益分配机制。针对兼职数字人才收入不稳定的情况，推动建立多层次社会保障体系，推进社会保险从制度全覆盖到人员全覆盖，研究制定更加合理的缴费水平和断保处理办法。推进劳动力市场数字化，提升人才服务能力。完善劳动力市场数字化基础设施，确保远程通信和数据流通的顺畅与稳定。支持各类用人市场建设，推动公共就业服务体系数字化、智能化升级，鼓励智能化就业服务平台建设，提高人才供需对接效率。鼓励构建公司与员工的利益共同体，构建人才长效发展机制。鼓励企业通过多种机制和手段更加重视人才的留任，加强对数字化企业管理者必要的管理技能培训。

（资料来源：《光明日报》（2023 年 07 月 24 日 06 版）

单元1 数字经济人才需求与供给

数字经济作为现代经济的重要组成部分，对人才需求与供给产生了深远影响。在这一部分，将讨论数字经济对人才需求的影响及数字经济人才供给的现状分析。

1.1 数字经济对人才需求的影响

《2023年高校毕业生数字经济就业创业报告》

数字经济对人才需求的影响主要体现在以下几个方面(图6-1)。

(1) 技术专业人才需求增加。数字经济的发展离不开先进的技术支持，因此，对技术专业人才的需求显著增加。例如，人工智能、大数据分析、物联网、云计算等领域的专业人才成为热门需求。

(2) 数据科学与分析人才需求扩大。数字经济时代产生大量的数据，需要专业的数据科学家和分析师来解析与利用这些数据，以提供商业洞察和决策支持。

(3) 电子商务与数字营销人才需求增长。随着电子商务的迅速发展和数字营销的兴起，对电子商务运营和数字营销策略专业人才的需求不断增加，其中包括电子商务平台的开发与管理、网络营销与社交媒体推广等方面。

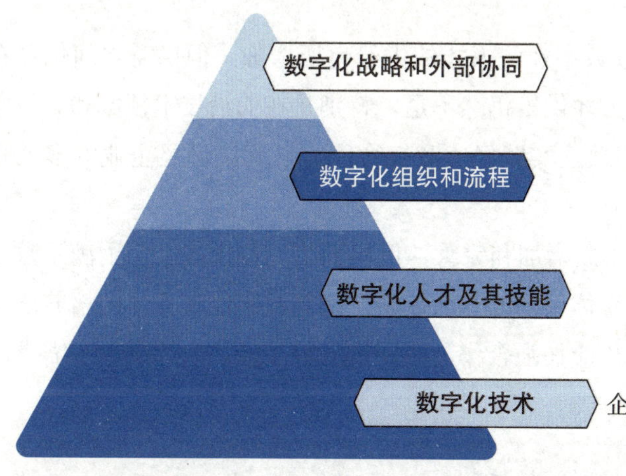

图6-1 数字经济人才标准

(4) 创新与创业人才需求扩展。数字经济的蓬勃发展催生了创新和创业活动，对具有创新思维和创业能力的人才的需求日益增多。创业者、科技企业家和创新团队成为数字经济中重要的人才力量。

（5）跨领域综合能力人才需求增加。数字经济的发展涉及多个领域的交叉与融合，对具备跨领域综合能力的人才的需求不断增加。这些人才能够在技术、商业、法律等多个领域中具备全面的知识与能力，推动数字经济的创新与发展。

综上所述，数字经济对各类人才的需求呈现出多样化和高度专业化的趋势，需要不断培养和引进适应数字经济发展需求的人才。

1.2 数字经济人才供给现状分析

数字经济人才供给现状有以下几个关键方面：

（1）教育体系培养的人才。随着对数字经济人才需求的增加，高等教育机构逐渐调整课程设置，开设与数字经济相关的专业和课程。其中包括计算机科学、数据科学、电子商务、数字营销等专业。然而，数字经济的快速发展使教育体系需要更加灵活和创新，以适应不断变化的技术和市场需求。

（2）职业培训机构的作用。许多职业培训机构提供数字经济相关的培训课程和认证，以满足专业人士和职场人员的需求。这些培训机构提供针对具体技能和岗位要求的培训，如数据分析、电子商务运营和数字营销等。它们可以对高等教育起到补充作用，还能帮助提升数字经济人才的力度供给。

（3）企业内部的人才培养措施。许多企业意识到数字经济人才的重要性，开始在内部开展培训和发展计划。这些计划包括员工培训、技能提升、跨部门交流等，以适应数字经济的需求。企业还与高校和职业培训机构合作，建立校企合作项目，共同培养数字经济人才。

（4）供给与需求的不匹配。尽管数字经济人才的供给有所增加，但供需之间仍存在一定的不匹配。某些领域的数字经济人才供给仍然不足，特别是在前沿技术领域和高级职位上。另外，一些数字经济人才可能缺乏实践经验和综合能力，无法满足企业的多元化需求。

综上所述，数字经济人才供给在不断增加和完善，但仍面临一些挑战。为了满足数字经济的发展需求，需要进一步加强教育体系的改革与创新，提高数字经济人才的培养质量和数量。同时，企业、政府和教育机构应加强合作，共同推动数字经济人才供给与需求的协调发展。

单元 2 数字经济人才培养现状

数字经济人才培养现状涵盖了高等教育机构的数字经济人才培养情况、职业培训机构在数字经济领域的作用，以及企业内部的数字经济人才培养措施。

2.1 高等教育机构数字经济人才培养情况

知识拓展：《天津率先出台数字人才培育落地政策全力促进数字经济和实体经济深度融合》

高等教育机构在数字经济人才培养方面已经采取了一系列措施来适应行业需求和培养具备相关技能和知识的学生。高等教育机构的数字经济人才培养情况的特点如下：

（1）专业设置多样化。许多大学和学院已经开设了与数字经济相关的专业和课程。这些专业包括但不限于计算机科学、数据科学、电子商务、数字营销等。学生可以选择他们感兴趣并且与数字经济紧密相关的专业领域进行深入学习。

（2）实践教学强化。高等教育机构越来越重视实践教学的重要性。他们与企业合作，为学生提供实习和实践机会，让他们在真实的数字经济工作环境中应用所学知识和技能。这种实践教学可以增强学生的实际操作能力和解决问题的能力。

（3）跨学科融合。数字经济涉及多个学科的交叉和融合，高等教育机构意识到培养学生的跨学科综合能力的重要性。因此，其鼓励学生在不同学科之间进行学习交流，培养跨界思维和创新能力，以应对数字经济领域的复杂挑战。

（4）教师队伍专业化。高等教育机构重视拥有丰富实践经验和行业背景的教师团队。他们聘请在数字经济领域有经验的专业人士作为教师，能够将最新的行业趋势和实践应用带入课堂。这样的教师团队可以为学生提供与实际行业紧密相关的教育和指导。

综上所述，高等教育机构通过多样化的专业设置、实践教学强化、跨学科融合和教师队伍专业化等方面的努力，致力于培养适应数字经济领域需求的优秀人才。然而，随着数字经济的不断发展，教育机构仍然需要不断调整和更新课程内容，以确保培养出的人才能够适应行业的快速变化和创新需求。

2.2 职业培训机构在数字经济领域的作用

职业培训机构在数字经济领域扮演着重要的角色，为专业人士和职场人员提供数字经济培训与技能提升的机会。以下是职业培训机构在数字经济领域的作用：

（1）专业培训课程。职业培训机构开设各种与数字经济相关的培训课程，如数据分析、人工智能、电子商务运营等。这些课程专注于培养实际应用技能和专业知识，帮助学员快速适应数字经济的要求。

（2）实践导向。职业培训机构注重实践导向的培训方式。他们提供真实案例分析、模拟项目和实际操作的机会，让学员通过实际的实践活动加深对数字经济领域的理解，并提升解决问题和应对挑战的能力。

（3）行业专家指导。职业培训机构通常邀请数字经济领域的专业人士和从业者担任讲师或顾问，提供实际经验和行业洞察力。学员可以从他们的经验中获得宝贵的指导和建议，了解行业最新趋势和最佳实践。

（4）职业认证和资格考试。职业培训机构通常提供与数字经济相关的认证和资格考试，如数据分析师、数字营销专家等。这些认证能够证明学员在特定领域具备专业知识和技能，提升其就业竞争力。

（5）持续学习机会。职业培训机构还为职业人士提供持续学习的机会。他们定期更新课程内容，提供新技术和趋势的培训，帮助从业人员保持在数字经济领域的竞争优势，并适应行业的快速变化。

综上所述，职业培训机构在数字经济领域发挥着重要的作用，通过专业培训课程、实践导向、行业专家指导、职业认证和资格考试，以及持续学习机会，从而帮助专业人士和职场人员提升数字经济技能，满足行业需求，并促进个人的发展。

2.3 企业内部数字经济人才培养措施

企业内部开展数字经济人才培养是为了满足数字化转型的需求，培养员工具备数字经济相关技能和知识。企业内部的数字经济人才培养常见的措施如下：

（1）内部培训计划。许多企业会制定内部培训计划，针对数字经济领域的技能和知识进行培训。这些培训计划包括面对面的培训课程、研讨会、工作坊及在线学习资源，以提升员工在数字经济方面的能力。

（2）导师制度。企业可以设立导师制度，将数字经济领域的专业人士与新进员工或感兴趣的员工进行配对。导师可以传授自己的经验和知识，指导员工在数字经济领域的学习和成长。

（3）跨部门交流。为了促进不同部门之间的知识共享和技能转移，企业可以组织跨部门交流活动。员工有机会在不同的部门之间进行工作轮岗或临时项目合作，从而获得更广泛的数字经济经验和技能。

（4）外部培训和研讨会。企业可以支持员工参加外部的数字经济培训和研讨会。这些活动可以提供更深入的行业洞察和最新的技术趋势，帮助员工与行业同步，并拓展他们的专业网络。

（5）奖励与认可机制。为了鼓励员工积极参与数字经济培养，企业可以设立奖励与认可机制。这可以包括奖金、晋升机会、荣誉证书等，以激励员工在数字经济领域的学习和发展。

（6）创新项目和实践机会。企业可以鼓励员工参与数字经济相关的创新项目和实践机会。这些项目可以提供实际的应用场景和问题，让员工在实践中学习和应用数字经济技能，培养解决问题和创新的能力。

综上所述，企业内部的数字经济人才培养措施包括内部培训计划、导师制度、跨部门交流、外部培训和研讨会、奖励与认可机制，以及创新项目和实践机会。这些措施旨在提升员工的数字经济能力，促进数字化转型，并为企业的发展和创新提供人才支持。

单元 3　数字经济人才培养面临的挑战与机遇

3.1　技术更新对数字经济人才培养带来的挑战

技术更新对数字经济人才培养带来了一系列挑战，以下是其中一些主要挑战：

（1）更新的技术要求。随着技术的不断更新和发展，数字经济所需的技能和知识也在迅速变化。培养数字经济人才需要跟上最新的技术趋势，包括人工智能、大数据分析、区块链等。这意味着培养机构和教育者需要不断更新课程内容与教学方法，确保学生能够掌握最新的技术和工具。

（2）多学科融合。数字经济的成功需要将多个学科的知识和技能进行综合运用，包括计算机科学、经济学、统计学、商业管理等。培养数字经济人才需要建立跨学科的教育体系，使学生能够全面理解和应用不同学科的知识。

（3）快速变化的就业市场需求。数字经济领域的就业市场发展迅速，但同时也非常不稳定。技术的迅速更新可能导致某些技能和职位的需求减少，而其他新兴技术的需求则会增加。因此，培养数字经济人才需要预测和适应就业市场的需求，培养灵活性和适应能力，使学生能够在快速变化的市场中找到就业机会。

（4）实践与理论的结合。数字经济的实践经验对于人才的培养至关重要。学生需要有机会参加实际项目和实践活动，将所学知识应用到实际情境中。这就要求教育机构与行业合作，提供实践机会和实际案例，帮助学生建立实际操作能力。

（5）持续学习和更新能力。由于技术的快速变化，数字经济人才需要具备持续学习和更新的能力，需要不断跟进最新的技术发展，积极主动地学习新知识和技能。培养数字经济人才需要鼓励学生培养自主学习的能力，并提供相应的学习资源和支持。

针对这些挑战，培养数字经济人才的方法可以包括更新课程内容、提供跨学科教育、与行业合作开展实践项目、培养学生的自主学习能力等。另外，教育机构和行业之间的合作也非常重要，这样可以确保培养出的人才符合就业市场的需求。

3.2 市场需求变化对数字经济人才培养的影响

市场需求变化对数字经济人才培养有深远的影响。随着数字经济不断发展和技术的不断更新，市场对数字经济人才的需求也在不断变化。市场需求变化对数字经济人才培养的影响如下。

（1）多样化的技能需求。市场对数字经济人才的需求越来越多样化。不仅需要懂得编程和数据分析的技术人员，还需要懂得商业策略、市场营销、用户体验等非技术类人才。培养数字经济人才需要关注全方位的技能培养，确保学生在不同领域都能胜任。

（2）新兴技术的需求。市场对新兴技术人才的需求不断增加。例如，人工智能、区块链、物联网等技术的发展正在改变数字经济的格局，需要有相关技术知识和实践经验的人才。培养数字经济人才需要及时跟进这些新兴技术的发展，提供相应的培训和教育。

（3）数据科学和分析能力。随着大数据的广泛应用，市场对数据科学和分析能力的需求也日益增加。数字经济人才需要具备数据收集、处理、分析和挖掘的能力，以帮助企业做出更明智的决策。培养数字经济人才需要注重数据科学和分析的教育，培养学生的数据思维和解决问题的能力。

（4）跨领域和跨文化能力。数字经济已经成为全球性的发展趋势，市场对具备跨领域和跨文化能力的人才的需求也在增加。培养数字经济人才需要鼓励学生培养跨学科知识和国际化视野，使他们能够适应全球化的数字经济环境。

（5）创新和创业能力。市场对具备创新和创业能力的数字经济人才的需求越来越高。数字经济的发展带来了许多新的商业模式和机会，需要有创新思维和创业精神的人才。培养数字经济人才需要鼓励学生培养创新意识，并提供创业支持和培训。

综上所述，市场需求的变化对数字经济人才培养提出了更高的要求。培养数字经济人才需要与市场需求保持紧密联系，及时调整教育内容和方法，这样才能确保培养出的人才可以适应市场的需求。

3.3 数字经济人才培养面临的机遇和发展趋势

数字经济人才培养主要面临的机遇和发展趋势如下：

（1）多样化的就业机会。随着数字经济的持续发展，数字化转型已经成为各行各业的趋势。因此，数字经济人才将拥有更多的就业机会，涵盖金融、零售、健康、教育、物流等各个领域。这些人才可以在数据分析、人工智能、区块链、数字营销等多个领域找到职业发展的机会。

（2）跨学科发展。数字经济人才需要跨学科的知识和技能，这使培养数字经济人才成为不同学科之间合作的机遇。教育机构可以与其他学科的院系合作，推出跨学科的课程和项目，帮助学生全面发展。

（3）在线学习和远程教育。数字经济的发展也推动了在线学习和远程教育的兴起。学生可以通过网络平台获取丰富的学习资源；同时，教育机构可以扩大覆盖范围，吸引更多来自不同地区的学生。

（4）技术支持的教学方法。数字经济人才的培养可以借助先进的技术，如虚拟实验室、在线模拟项目等，增强学生的实践能力。这些技术支持的教学方法可以提供更丰富的学习体验，使学生更好地掌握实用技能。

（5）产学合作。数字经济行业对于人才的需求日益强烈，这促使教育机构与企业展开更紧密的合作。产学合作可以使学生接触真实的工作场景，增加实践经验，同时，也帮助企业更好地满足人才需求。

（6）国际化发展。数字经济已经成为全球性的发展趋势，因此，培养具备国际化视野和跨文化沟通能力的人才将更受欢迎。教育机构可以推动国际交流和合作，为学员提供更广阔的发展平台。

综上所述，数字经济人才培养的机遇和发展趋势是多样的，教育机构和学生需要抓住这些机遇，不断更新教育方法和课程内容，以培养适应数字经济发展的优秀人才。

单元 4　数字经济人才培养策略和措施

4.1　政府支持

政府在数字经济人才培养方面扮演着重要的角色，其可以通过政策支持和行动计划来促进数字经济人才的培养。以下是政府在数字经济人才培养中的角色和政策支持方面的几个重要方面：

（1）制定规划。政府可以制定全面的数字经济发展规划，明确数字经济人才培养的重要性和目标。这些战略规划可以涵盖教育体系改革、创新创业支持、跨学科合作、国际交流等方面，为数字经济人才培养提供指导和支持。

（2）创造有利的政策环境。政府可以制定相关政策和法规，创造有利于数字经济人才培养的政策环境。例如，提供税收激励措施，鼓励企业在数字经济人才培养上进行投资；建立人才流动和交流机制，促进数字经济人才的跨领域和国际化发展。

（3）支持教育体系改革。政府可以支持和推动教育体系的改革，以适应数字经济人才培养的需求。其中包括更新课程内容，引入新的技术和学科，提供现代化的教学设施和资源，培养教师的专业素养等。

（4）鼓励产学合作。政府可以促进产学合作，搭建教育机构与企业之间的合作平台。政府可以提供资金支持，鼓励企业提供实践项目和实习机会，与教育机构合作开展研究和创新活动，以增加学生的实践经验和就业机会。

（5）提供奖励和补贴措施。政府可以设立奖励和补贴措施，鼓励学生选择报考数字经济相关专业，为其提供包括奖学金、实习津贴、创业资金等在内的经济支持，以吸引更多人才投身数字经济领域。

（6）促进国际交流和合作。政府可以积极推动国际交流和合作，为学生提供更广阔的发展机会，包括学生交流计划、国际合作项目、引进国外优秀教育资源等，促进数字经济人才的国际化发展。

总体而言，政府在数字经济人才培养方面的角色是重要的，其可以通过政策支持和行动计划来推动数字经济人才培养的发展，促进数字经济的健康发展。

4.2 教育体系改革与创新

在数字经济时代，教育体系需要进行改革和创新，以适应数字经济人才培养的需求。以下是教育体系改革与创新的一些关键方向和策略：

（1）更新课程内容。教育机构需要更新课程内容，引入与数字经济相关的新兴技术、工具和概念。这包括人工智能、大数据分析、区块链、物联网等领域的知识和技能培养。同时，还要注重培养学生的创新思维、问题解决能力和跨学科能力。

（2）引入实践教学。实践教学是培养数字经济人才的重要手段。教育机构可以与企业合作，提供实践项目、实习机会和创新实验室等，使学生能够在真实的工作环境中应用所学知识，培养实践能力和职业素养。

（3）强化跨学科合作。数字经济人才需要跨学科的知识和技能，教育机构应该促进不同学科之间的合作与交流。可以开设跨学科的课程和项目，组织跨学科的团队合作，培养学生的综合能力和全面发展。

（4）提供终身学习机会。数字经济行业的发展速度快，教育机构需要为数字经济人才提供终身学习的机会。这可以通过持续的职业培训、在线学习平台、行业认证和证书课程等方式实现，帮助人才不断更新知识和技能，适应行业发展的变化。

（5）培养创新创业精神。数字经济行业充满创新和创业机会，教育机构应该培养学生的创新创业精神。可以通过开设创新创业课程、组织创业比赛和创业孵化器等方式，激发学生的创造力和创业意识。

（6）引入先进教育技术。教育技术的应用可以提升数字经济人才培养的效果。教育机构可以引入虚拟实验室、在线学习平台、智能辅助教学工具等先进教育技术，提供个性化和互动性强的学习体验来增强学生的学习动力和效果。

教育体系的改革与创新是确保数字经济人才培养与时俱进的关键。通过更新课程内容、引入实践教学、强化跨学科合作、提供终身学习机会、培养创新创业精神和引入先进教育技术等策略，可以为学生提供更适应数字经济时代需求的教育环境和机会。

4.3 产学研结合与校企合作

在数字经济人才培养中，产学研结合和校企合作是非常重要的方面。以下是产学研结合和校企合作的几个关键点：

（1）实习和就业机会。教育机构与企业可以建立密切的联系，提供实习和就业机会给学生。这样的实践机会可以让学生接触真实的工作环境，了解行业的需求和实践，增强实践能力和职业素养。

（2）项目合作。教育机构和企业可以共同开展研究项目、创新项目和实践项目。通过合作项目，学生可以与企业专业人员共同解决实际问题，提升解决问题和合作能力。

（3）资源共享。教育机构和企业可以共享资源，如教育机构可以提供先进的实验室和设备给企业使用，而企业可以为教育机构提供行业经验和实践案例，使双方共同受益。

（4）专家指导和讲座。企业专家可以定期来校园举办讲座和指导，分享实际经验和最新行业趋势。这可以帮助学生更好地了解行业需求，拓宽视野，提升专业素养。

（5）产学研合作基地。建立产学研合作基地可以为教育机构、企业和研究机构提供一个合作交流的平台。这种基地可以促进资源整合、项目合作和人才培养，推动产学研的紧密结合。

（6）行业认证和职业培训。教育机构可以与企业合作，开设行业认证课程和职业培训，根据行业需求提供实用技能和知识培训。这有助于提高学生的就业竞争力，并应满足企业对专业人才的需求。

通过产学研结合与校企合作（图 6–2），教育机构可以更好地了解行业需求，培养符合市场需求的数字经济人才，同时，企业也能获得有竞争力的人才资源，促进数字经济的发展。

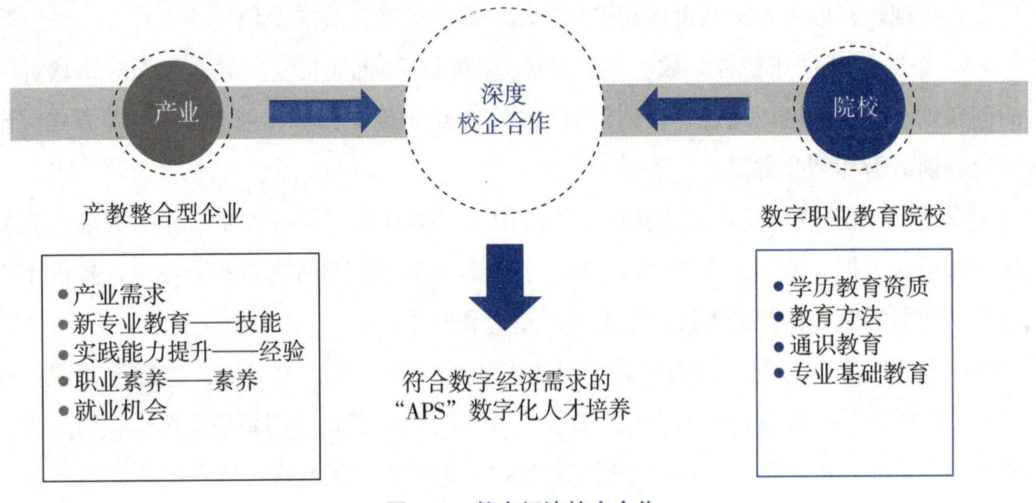

图 6-2　数字经济校企合作

4.4　跨学科培养与终身学习

在数字经济时代，跨学科培养和终身学习具有重要性，以下是它们的几个关键点：

（1）解决复杂问题。数字经济领域的问题往往涉及多个学科的知识和技能。通过跨学科培养，学生可以获得多个领域的知识，并具备综合思考和解决问题的能力。这有助于他们更好地应对复杂的数字经济挑战。

（2）促进创新与创业。跨学科培养鼓励学生的创新思维和创业精神。通过跨学科的学习和合作，学生可以将不同学科的知识和技能结合起来，发现新的创新机会，并为数字经济的发展做出贡献。

（3）适应快速变化。数字经济领域的技术和趋势在不断变化和演进，单一学科的知识可能很快过时。终身学习的理念强调学生需要持续学习和更新知识，以适应行业的快速变化。通过终身学习，学生可以不断跟进最新的技术和趋势，并保持竞争力。

（4）跨界合作与创造力。跨学科培养可以促进不同学科之间的合作和交流，激发创造力和创新的思维方式。学生可以从不同学科的视角思考问题，汲取灵感和想法，并将其应用于数字经济领域的实践中。

（5）多元化的职业机会。数字经济领域涵盖广泛的职业机会，需要具备不同学科背景和技能的人才。通过跨学科培养，学生可以拓宽自己的职业选择范围，并拥有更多的就业机会。

（6）持续个人发展。终身学习鼓励个人的持续发展和成长。通过不断学习和掌握新的知识与技能，个人可以不断提升自己的竞争力和职业发展。

跨学科培养和终身学习的重要性在于为学生提供全面发展的机会，培养他们跨学科思维和持续学习的能力，以适应数字经济领域的需求和挑战。

思考与实训

数字经济促进经济增长、扩大就业、改善服务，在此数字红利期，请试分析我国如何更好地发展数字经济、释放更多的数字红利。

MODULE 7

模块 7 数字经济国际化

名人名言

数字经济的未来将是万物互联、智能化和生态化的时代，数字经济将为人类的发展带来更多的可能和机遇。

——马化腾，腾讯公司创始人兼董事会主席兼 CEO

学习目标

知识目标：

通过学习本模块，熟悉各国数字经济的现状和发展趋势，掌握我国数字经济发展模式和框架。

技能目标：

能够应用全球数字经济的最新实践和前沿理论、数字化转型的基础理论与基本原理，对中国经济的现实问题进行分析。

素养目标：

在分析问题过程中加深学生对数字经济知识及国情、四个自信、社会主义价值观的深度理解。

2023 全球数字经济大会发布重要成果集锦

2023 年 7 月 7 日，2023 全球数字经济大会闭幕式在国家会议中心成功召开。本次闭幕式由 2023 全球数字经济大会组委会主办，北京市经济和信息化局、朝阳区人民政府、中国通信企业协会、中国信息通信研究院等共同承办。北京市经济和信息化局党组书记、局长姜广智以数字人方式出席，并总结回顾了大会重要成果。姜广智表示，大会以“数据驱动发展，智能引领未来”为主题，更加突出国际化、高端化、专业化，能级全面提升，支撑全球数字经济标杆城市建设取得新成效，为数字经济新理论、新规则、新技术、新产业、新体系的交流合作提供了一个全球化平台，成果丰硕，并将再接再厉，深化成果应用，为北京建设全球数字经济标杆城市和构建普惠平衡、协调包容、合作共赢、共同繁荣的全球数字经济格局做出更大贡献。

成果一：发出《全球数字经济伙伴城市合作倡议》，新加坡作为大会首个主宾国和首个海外分会场地，标志着北京市建设全球数字经济“朋友圈”迈出重要一步。开幕式上，北京市邀请来自韩国釜山、丹麦哥本哈根、南非约翰内斯堡、英国伦敦、美国旧金山、奥地利维也纳等 18 个伙伴城市的代表共同发布了该倡议。该倡议旨在通过推动全球城市交流合作、共享开放互利市场环境、共建数字科技创新生态、加快城市数字转型进程、助力数字赋能绿色发展、支持全球数字普惠合作六个方面，为全球经济发展注入新的动力。

成果二：发布北京“数据二十条”，北京市《关于更好发挥数据要素作用进一步加快发展数字经济的实施意见》正式发布，提出：一是全面落实国家基础制度，积极主动先行先试；二是率先落实数据产权和收益分配制度；三是加快推动数据资产价值实现；四是全面深化公共数据开发利用；五是培育发展数据要素市场；六是大力发展数据服务产业；七是开展国家数据基础制度先行先试；八是加强数据要素安全监管治理；九是全面落实保障措施，确保政策实效。

成果三：北京人工智能大模型伙伴计划重磅落地，北京公布通用人工智能产业创新伙伴计划第二批成员 63 家企业名单，成员企业总计已达 102 家，其中 10 余家算力伙伴将合力提供不少于 6 000P 的低成本优质算力资源，为本市企业开展大模型训练和推理提供有力支撑。另外，发布北京市通用人工智能大模型应用场景需求榜单，其中包括政务服务大模型场景需求；发布首批人工智能大模型高质量数据集，共 10 家单位的 18 个高质量训练数据集入选，总规模超过 500T，极大丰富了大模型训练的高质量中文语料。

成果四：北京积极培育发展数据要素市场，成立了北京国际数据实验室、IDSA 中国能力中心，签署了全球数据流通合作协议。首次发放了北京市数据资产登记证书、全国工业数据专区数据登记双证书，首次入驻了北京市数据资产入表试点企业、数字资产登记平台发行方，首轮签约了北京市数据资产金融创新试点、数据定价合作机构，首次发布了北京个人信息出境标准合同备案，为首批 6 家单位办理数据知识产权登记证书。

成果五：北京国际开源社区正式启航，北京将以开源模式推动科技创新，汇聚全球开发者共建共享，积极参与全球开源治理工作。发起成立了开源教育委员会和云原生工作委员会。上线了 Atomgit 代码协作平台，接入了中科院软件所“源图开源软件供应链”等外部能力支持，助力推动开源事业发展。

成果六：推动形成智能网联产业新格局全球首个网联云控式高级别自动驾驶示范区取得突破性进展，揭牌成立智能网联公交人工智能实验室、智能网联产业互联网创新中心，发布北京智能网联汽车产业创业投资基金；北京、上海等全国 14 个智能网联政企代表发起共同倡议，统一标准体系、共享数据资源、深化结果互认、强化产业服务、营造发展环境，向全球推广车路云图一体化智能网联汽车的“中国方案”与“中国标准”。

成果七：发布《全球数字经济白皮书（2023 年）》和《北京数字经济发展报告》蓝皮书，中国信息通信研究院发布的《全球数字经济白皮书（2023 年）》呈现了中、美、德、日、韩五国数字经济发展趋势与最新态势，对全球 5G、人工智能、数字产业、数字化转型、数据要素等重点领域的进展进行深度解读，为全球数字经济发展态势作出研判分析。北京市社会科学院发布的《北京数字经济发展报告》蓝皮书，从规模、要素、制度、技术、产业、人才六个维度全面呈现北京全球数字经济标杆城市建设成效，数据显示北京总指数分值处于全国“第一梯队”。

成果八：北京布局元宇宙产业创新中心、工业软件产业创新中心指导咪咕、尚亦城、蓝色光标等单位发起筹建北京市元宇宙产业创新中心。首设数字人基地专项基金，上线数字人存证平台，推出国内首个 XR 产业加速器等。工联院、金航数码、索为等 14 家机构单位发起成立北京市工业软件产业创新中心，从事工业底层技术研究、共性平台搭建、垂直领域工业应用软件等。

成果九：数字经济支撑保障体系进一步健全，北京发布《为加快建设全球数字经济标杆城市提供司法保障工作规划（2023—2025）》《数字经济案例精选与实务指引》，结合数字经济重点领域特点，强化司法保障创新。中国通信学会成立数据安全委员会，为政府及行业提供政策咨询、决策支持，推荐科技成果，培育优秀数据安全人才。大会同时发布《数据经纪从业人员评价规范》团体标准。

成果十：发布 12 项“创新引领成果”和 25 项“产业创新成果”，在来自全国 16 个省市地区、近 180 家企业申报的 230 余项新品中，评选出 37 项具有自主创新性、科技领先性、重大突破性、首创首发性的新产品、新技术和解决方案。来自阿里健康科技的“中文医学术语集”，北京智谱华章科技“千亿基座的对话模型 ChatGLM”、北京融信数联的“智能体图谱驱动的数字化治理技术”等 12 项入选“创新引领成果”；中广核风电“数据驱动的新能源发电设备预测性健康管理平台”、三一筑工“筑享云”平台、中电科机器人有限公司“白虹”髋关节助力外骨骼机器人等 25 项入选“产业创新成果”。另外，本次大会突出学术引领、多方参与，发布大模型应用评测、信息技术系统运维等一系列标准，新一代软件、产业互联网、区块链等若干产业图谱，企业数字化转型、云生态创新应用等多个案例集，数据中心、元宇宙、数字医疗、数字农业等多领域研究报告，共百余项成果，举办“一区一品”体验周、“数字之夜”城市脉搏点亮仪式、首届中国数字音乐会、全球数字经济创新大赛和全球 AI 大数据竞赛等活动。

来源：新京报 https://baijiahao.baidu.com/s?id=1770814431160611409&wfr=spider&for=pc

单元 1　数字经济国际化趋势和驱动因素

1.1　全球数字经济发展趋势

全球数字经济正呈现出快速增长的趋势，对经济发展和国际贸易产生了深远影响。全球数字经济发展趋势如下：

（1）数字化基础设施的普及。全球范围内，数字基础设施的建设和普及正在加速。高速互联网、移动通信网络和云计算等技术的普及使得数字经济的发展得以支持和推动。

（2）科技创新的驱动力。科技创新是数字经济发展的关键推动力。人工智能、物联网、大数据分析等新兴技术的发展不断催生出新的商业模式和增长点，推动了数字经济的快速发展。

（3）跨境电子商务的繁荣。随着跨境电子商务的兴起，国际贸易正在日益数字化。消费者通过互联网可以轻松购买来自世界各地的产品，企业也能够利用电子商务平台拓展海外市场，促进了数字经济的国际化。

（4）数字支付的普及。数字支付方式的普及加快了全球数字经济的发展速度。移动支付、电子货币和区块链技术等新兴支付方式的兴起，为跨境交易提供了更便捷和安全的支付解决方案。

（5）数据驱动的商业模式。数据成为数字经济时代的重要资源，数据的收集、分析和应用成为企业竞争的关键。通过深入挖掘和利用数据，企业能够实现个性化定制、精准营销和增值服务，推动了数字经济的发展。

总体而言，全球数字经济正朝着更加数字化、智能化和全球化的方向发展。数字技术的不断创新和应用，以及全球数字基础设施的不断完善，将进一步推动数字经济的国际化合作与发展。

1.2 数字经济国际化驱动因素

数字经济国际化受到多个因素的推动和影响。数字经济国际化的主要驱动因素如下：

（1）技术发展和创新。全球范围内的技术发展和创新是数字经济国际化的主要驱动因素。新兴技术的出现（如人工智能、大数据、云计算和物联网等）为跨国合作和数字化交流提供了先进的工具和平台。

（2）全球互联网普及。全球互联网的普及和覆盖范围的扩大是数字经济国际化的基础。随着全球互联网用户的不断增加，信息和数据的流动更加便捷，为数字经济的跨国合作提供了基础设施和条件。

（3）跨境电子商务的兴起。跨境电子商务的发展促进了数字经济的国际化。电子商务平台的兴起使企业能够更容易地进行跨国贸易和合作，也使消费者能方便地购买来自世界各地的产品和服务。

（4）政府政策的支持。政府在数字经济国际化方面的政策支持和推动也是一个重要因素。政府鼓励创新和科技发展的政策，以及开放和促进数字经济合作的政策措施，有助于吸引外国投资和促进国际合作。

（5）跨国公司和机构的参与。跨国公司和国际机构的参与推动了数字经济的国际化。跨国公司在全球范围内开展业务，利用数字技术和平台进行跨国合作和创新，促进了数字经济的全球化发展。

综上所述，技术发展和创新、全球互联网普及、跨境电子商务兴起、政府政策的支持，以及跨国公司和机构的参与等因素共同推动了数字经济的国际化趋势，促进了数字经济在全球范围内的合作与发展。

单元 2 数字经济国际合作现状

2.1 数字经济国际合作的范围和程度

数字经济国际合作的范围和程度涵盖了多个方面，从政策和标准的制定到跨国企业的合作和贸易活动。以下是数字经济国际合作的主要范围和程度：

（1）政策和法律框架的合作。国际数字经济合作涉及国家之间在政策和法律框架方面的合作。国家之间通过制定共同的政策和法规，促进数字经济的发展和互联互通，保护数字经济参与者的权益，并解决跨国数字经济交流中的问题。

（2）跨国数据流动和隐私保护的合作。数字经济的国际化合作涉及跨国数据流动和隐私保护的合作。国家之间通过制定数据保护政策、互相承认数据流动的合法性，并建立数据安全和隐私保护的机制，以确保跨国数据流动的安全与合规。

（3）跨国电子商务合作。国际数字经济合作在跨国电子商务领域尤为突出。国家之间通过促进跨境电子商务合作，降低贸易壁垒、加强电子支付和物流合作，以及提供海关便利化等措施，推动电子商务的跨国发展。

（4）跨国科技创新和研发合作。国际数字经济合作也包括跨国科技创新和研发的合作。国家之间通过共享科研成果、合作研发项目和人才交流，促进科技创新和技术交流，推动数字经济的创新和发展。

（5）跨国数字技术企业的合作。国际数字经济合作还涉及跨国数字技术企业之间的合作。企业之间通过合资、并购、技术转让和合作研发等方式，推动数字经济产业链的全球化整合，实现资源共享和互利共赢。

总体而言，数字经济国际合作的范围涵盖了政策和法律框架、数据流动、电子商务、科技创新和研发，以及跨国数字技术企业合作等多个领域。国家和企业之间通过合作与协商，共同推动数字经济的国际化发展，并实现共同利益的最大化。

2.2 数字经济国际合作的主要参与方

数字经济国际合作涉及多个主要参与方，包括国家政府、国际组织、跨国企业、学术界和研究机构，以及民间社会组织等。数字经济国际合作的主要参与方如下：

（1）国家政府。各国政府在数字经济国际合作中起着重要的角色。政府负责制定和执行数字经济相关的政策、法规和标准，促进数字经济的发展和国际合作。政府还通过跨国合作机制和多边协议，推动数字经济领域的合作与交流。

（2）国际组织。国际组织在数字经济国际合作中发挥着协调和促进作用。例如，联合国、世界贸易组织、国际电信联盟和经济合作与发展组织等国际组织致力于制定数字经济相关的政策和标准，促进全球数字经济的可持续发展。

（3）跨国企业。跨国企业是数字经济国际合作的重要参与方。这些企业通过跨国投资、技术合作和市场拓展等方式，在全球范围内开展数字经济业务。它们在全球数字经济价值链中扮演着重要角色，推动数字技术的创新和应用。

（4）学术界和研究机构。学术界和研究机构在数字经济国际合作中具有重要的作用。研究人员和学者通过开展研究、知识共享和政策建议，为数字经济的国际合作提供理论和实践支持。他们促进学术交流和合作，推动数字经济的知识创新和发展。

（5）民间社会组织。民间社会组织如非政府组织、行业协会和社会企业等在数字经济国际合作中发挥着重要的作用。它们通过促进社会参与、推动可持续发展和社会责任等举措，推动数字经济的包容性和可持续发展。

综上所述，数字经济国际合作的主要参与方包括国家政府、国际组织、跨国企业、学术界和研究机构，以及民间社会组织。这些参与方通过合作与协调，共同推动数字经济的国际化发展，并实现共同利益的最大化。

单元3　数字经济国际合作模式

3.1　双边合作模式

在数字经济领域，双边合作模式是指两个国家之间就数字经济发展展开合作与合作伙伴关系。这种模式可以促进数字技术、创新和数据流动的共享，以实现双方共同发展和互利共赢。

双边合作模式的主要特点包括以下几个方面：

（1）政府层面的合作。两个国家的政府通过政策对话、合作协议和政策协调等方式展开合作，共同制定和推动数字经济发展的战略与政策。政府层面的合作可以涵盖数字基础设施建设、数据安全与隐私保护、数字经济创新等方面。

（2）企业层面的合作。双方企业通过投资、合资、合作研发等方式展开合作，共同开展数字经济相关项目。这种合作可以涉及数字技术领域的创新、数字贸易、数字支付、电子商务等方面。企业之间的合作可以促进技术转移、市场拓展和经验分享。

（3）数据合作与流动。数字经济的发展需要数据的流动和共享。双边合作模式可以通过数据合作机制和数据流动的框架促进数据共享，为数字经济发展提供支持。这包括数据安全和隐私保护的规范、跨境数据流动的机制及数据共享的协议等。

（4）人才培养与交流。数字经济的发展需要具备相关技能和知识的人才。双边合作模式可以通过人才培训、交流项目和合作研究等方式促进人才的培养与交流。这有助于提升数字经济领域的人才素质和技术水平。

双边合作模式的实施需要两个国家之间的政策沟通、合作协调和资源共享。同时，双方也需要建立有效的合作机制和合作平台，促进信息交流和项目合作。这样的双边合作模式可以促进数字经济的跨国合作与发展，推动数字经济的繁荣和创新。

3.2 多边合作模式

在多边合作模式中，各国通过国际组织或跨国合作机制共同合作，以推动数字经济的发展和规范。以下是一些常见的多边合作模式和框架：

（1）国际组织合作。国际组织如联合国、世界贸易组织等在数字经济领域发挥着重要的作用。它们提供一个平台，使各国能够共同讨论和制定数字经济的相关政策、标准和规则。

（2）跨国合作机制。各国可以通过建立跨国合作机制来加强数字经济的合作。例如，亚太经合组织和欧洲联盟等地区性组织都在数字经济领域开展了跨国合作，促进了成员国之间的数字经济发展和合作。

（3）国际标准制定。制定共同的国际标准是数字经济多边合作的重要方面。国际标准可以帮助各国消除技术壁垒，促进数字经济的互操作性和互联互通。国际标准组织如国际标准化组织和国际电信联盟在制定数字经济标准方面发挥着关键作用。

（4）信息共享与合作。各国可以通过信息共享和合作来加强数字经济领域的合作。其中包括共享最佳实践、技术经验和政策信息等，以促进各国在数字经济中的发展和创新。

（5）跨境数据流动机制。数字经济的发展离不开跨境数据流动，因此，建立跨境数据流动机制也是多边合作的重要方面。其中包括制定数据保护和隐私规则、促进数据流动的互信机制等，以便各国能够安全、高效地在数字经济中进行数据交换。

上述多边合作模式旨在促进数字经济的发展和合作，加强各国之间的互动和合作，推动数字经济的繁荣和可持续发展。

3.3 区域合作模式

区域合作模式是指在数字经济领域，不同国家或地区之间通过合作组成的区域性框架，旨在促进数字经济的发展和合作。这些区域合作模式可以不同的形式和范围存在，以下是几种常见的区域合作模式：

（1）自由贸易协定。一些地区或国家可以签署自由贸易协定，旨在消除数字经济领域的贸易壁垒和限制。这些协定通常涵盖数字产品和服务的自由流通，确保数字经济的无障碍交流。

（2）经济整合组织。一些地区形成了经济整合组织，如欧盟、亚太经合组织和东盟经济共同体。这些组织通过制定共同的数字经济政策和标准，促进成员国之间的数字经济合作和发展。

（3）区域数字市场。一些地区正在努力打造区域数字市场，旨在促进数字产品和服务在区域内的自由流通。这些市场可以通过共享数字基础设施、建立统一的数字支付系统和协调政策法规来实现。

（4）技术创新合作。区域合作也可以涉及技术创新领域的合作，如共同研发数字技术、共享研究成果和经验交流。这种合作模式可以加速数字经济的创新和发展。

（5）跨境数据流动机制。区域合作模式还可以涉及跨境数据流动的机制和协议。这些机制可以确保跨境数据传输的安全性和合规性，促进数字经济的跨境合作和发展。

上述区域合作模式旨在通过促进数字经济的合作与发展，加强各国或地区之间的互联互通，实现数字经济的共同繁荣。同时，这些模式也可以帮助各国应对数字经济发展过程中面临的挑战，如数字安全、数据保护和隐私等问题。

单元 4　数字经济国际合作前景和策略

4.1　数字经济国际合作前景展望

数字经济国际合作具有广阔的前景，将在全球范围内推动经济增长、创新和可持续发展。以下是数字经济国际合作的前景展望：

（1）经济增长和创新机遇。数字经济的快速发展为各国提供了巨大的经济增长和创新机遇。通过国际合作，国家可以共享最佳实践、经验和技术，促进数字技术的跨境流动和创新合作。这有助于加速数字经济的发展，推动新兴产业的崛起，并促进传统产业的数字化转型。

（2）跨境贸易和市场拓展。数字经济国际合作可以促进跨境贸易和数字产品与服务的自由流通。减少贸易壁垒和限制可以促进数字经济的全球市场拓展，这有助于提高贸易效率、降低成本，并为企业创造更多国际合作和商机。

（3）可持续发展。数字经济国际合作可以为可持续发展目标做出积极贡献。应用数字技术，可以提高资源利用效率、推动绿色发展和环境保护。合作可以促进可持续能源、智能城市、清洁生产和循环经济等领域的创新与合作。

（4）数字普惠。国际合作有助于缩小数字鸿沟，实现数字普惠。合作可以推动数字技术的普及和应用，提高人们的数字素养，使更多人从数字经济的发展中受益，这有助于推动包容性增长，减少社会和经济不平等。

4.2　数字经济国际合作面临的挑战

尽管数字经济国际合作前景广阔，但也存在一些挑战需要克服。以下是一些国际合作面临的挑战：

（1）数据安全和隐私保护。数字经济的发展需要跨境数据流动，但数据安全和隐私保护是一个重要的挑战。不同国家之间存在不同的数据保护法规和标准，导致数据流动受到限制和障碍。国际合作需要解决数据安全和隐私保护的问题，制定共同的标准和机制来确保数据的安全性和合规性。

（2）法律和监管环境。数字经济涉及多个国家的法律和监管环境。不同国家之间的法律差异和监管制度不同，可能导致合作中的法律冲突和不确定性。为促进数字经济国际合作，需要建立共同的法律和监管框架，提供清晰的指导和规范。

（3）技术标准和互操作性。不同国家和地区可能采用不同的技术标准与规范，这可能导致数字经济中的互操作性问题。为了实现数字经济的无缝连接和合作，需要加强国际标准的制定和互操作性的推动。

（4）数字鸿沟和不平等。数字经济的发展可能加剧国家之间和内部的数字鸿沟与不平等。一些国家或地区可能在数字技术和基础设施方面落后，缺乏参与国际合作的能力。为了解决这一挑战，国际合作需要关注数字包容性，提供技术援助和能力建设，确保所有国家和人群都能从数字经济的发展中受益。

（5）地缘政治和经济利益。数字经济国际合作也受到地缘政治和经济利益的影响。一些国家可能出于安全和经济考虑，限制或控制数字经济的合作。为了实现广泛的国际合作，各国需要促进对话、理解和共赢的合作模式。

克服这些挑战需要各国共同努力，加强国际合作与对话，制定共同的原则和规则，促进数字经济的全球发展和共享繁荣。

4.3 促进数字经济国际合作策略

为了促进数字经济国际合作，以下是一些策略：

（1）制定共同的政策框架。各国应该加强合作，制定共同的政策框架，以便在数字经济领域实现协调和一致性，其中包括共同制定法律法规、政策措施和标准，以促进数字经济的发展和互操作性。

（2）促进数字基础设施建设。数字经济的发展需要先进的数字基础设施，包括高速宽带网络、数据中心和云计算基础设施等。各国应加强合作，共同推动数字基础设施建设，以提高数字经济的覆盖范围和质量。

（3）促进人才培养与技术交流。数字经济的发展需要具备相关技能和知识的人才。各国可以加强人才培养和技术交流合作，包括组织培训计划、学术交流和研究合作，以提高人才的数字化能力和创新能力。

（4）加强跨国合作机制。建立和加强跨国合作机制，如国际组织、多边合作机制和区域合作平台，以促进数字经济国际合作。这些机制可以提供交流对话的平台，分享最佳实践、经验和资源，推动政策协调和合作项目的开展。

（5）解决数据安全和隐私问题。数字经济的合作需要解决数据安全和隐私保护的问题。各国可以加强合作，制定共同的数据安全标准和机制，加强跨境数据流动的安全性和合规性。

（6）推动数字贸易便利化。减少数字贸易的壁垒和限制，促进数字产品和服务的跨境流通。各国可以通过签署自由贸易协定、简化贸易手续和推动电子商务的发展，促进数字贸易的便利化。

（7）加强公私合作。数字经济的国际合作需要公共部门和私营部门的共同参与和合作。各国可以促进公私合作，通过政府支持与行业合作来共同推动数字经济的发展和创新。

上述策略和建议有助于促进数字经济国际合作，推动数字经济的全球化发展和共享繁荣。同时，各国之间也需要密切合作、建立互信，共同应对数字经济发展中面临的挑战并解决可能存在的问题。

思考与实训

结合当前国内外环境，分析我国数字贸易领域现状及未来发展趋势。

模块 8 MODULE 8

数字经济创新

名人名言

历史承认那些为共同目标劳动因而自己变得高尚的人是伟大人物；经验赞美那些为大多数人带来幸福的人是最幸福的人。

——马克思

学习目标

知识目标：

通过学习本模块，掌握相关数字战略、数字经济的创新策略和措施。

技能目标：

掌握数字经济的发展趋势，以及正确看待发展数字经济面临的重要问题。

素养目标：

能够辩证地思考和看待经济问题，具备创新意识，敢于创新和迎接挑战。

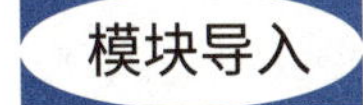

模块导入

以 C2B 优势和科技创新助力数实融合

2018 年，腾讯在自己 20 周岁的时候宣布“扎根消费互联网，拥抱产业互联网”的战略。马化腾在 2018 年《给合作伙伴的一封信》中明确表示“要让个人用户获得更好的产品与服务，我们必须让互联网与各行各业深度融合，把数字创新下沉到生产制造的核心地带，将数字化推进到供应链的每一个环节。没有产业互联网支撑的消费互联网，只会是一个空中楼阁”。为此，腾讯成立了云与智慧产业事业群（CSIG），全力推动产业互联网战略，腾讯的产业互联网战略以腾讯云为基座，融合安全、人工智能、大数据、物联网、多媒体等领先技术，与

9 000 多家合作伙伴打造了超过 400 个行业解决方案，服务出行、工业、制造、零售、金融、医疗、教育等各行各业数字化转型。腾讯云持续发力自主研发芯片、操作系统、服务器、数据库、音视频、安全等，构筑自研产品矩阵，服务客户已经达数百万。

在推进产业互联网的过程中，腾讯坚持产业互联网核心是产业，数学技术是处理产业问题的工具。过去三年，腾讯以连接和度量为抓手，以 C2B 为关键优势，坚持研发和落地同步进行，打造了一批中国产业互联网的示范工程。

推动农业领域数字化转型，用数字技术助力乡村振兴在壹号食品的养殖基地广东官湖村，村民通过数字化养猪的方式实现脱贫致富。借助企业微信，壹号食品打通养殖基地各个环节的数据，包括水帘降温系统、生猪电子档案等，搭建标准化养殖体系并以“公司 + 基地 + 农户”的模式，让饲养员用一部手机就可以养好猪，如哪头猪该打疫苗、超过了预产期等信息，都会实时提醒。精细化的养殖之下，窝均产崽数提高了 8%～10%，农民收入也大幅提升。

腾讯云通过打造数字政务技术底座，助力数字政府、人社、税务、市场监管、水利水务、农业农村等行业进行数字化转型。同时，根据民生、营商、政务等相关业务场景，通过微信、企业微信、政务微信三大应用，针对民众、企业、政府公务人员三大群体提供相应服务，从便利民生事项办理、优化营商环境、提升政府行政效率等多方面助力“数字政府”建设。

例如，腾讯云助力打造全国政务服务总枢纽小程序——国家政务服务平台小程序，作为全国政务服务的统一入口平台，建立了健全的政务数据共享协调机制，推动电子证照扩大应用领域和全国互通互认，实现更多政务服务事项网上办、掌上办、一次办，为企业和群众经常办理的事项基本实现“跨省通办”打下重要基础。腾讯助力社会治理决策科学化、精细化，公共服务高效化，推动数字政务各领域深度协同发展。

同时，腾讯也助力公益可持续发展，创新数字公益模式。

2021 感动中国年度人物、清华大学博士江某，半岁时因为急性肺炎误用药物，导致左耳损失大于 105 分贝，而右耳的听力则完全丧失，临床上被诊断为极重度的神经性耳聋。2018 年，江某植入了人工耳蜗，告别了 26 年的无声世界，但人工耳蜗只是解决了“听到”的问题，由于听觉中枢空窗期太长，需要坚持听觉言语康复训练来解决“听懂”的问题。2021 年，江某试用集成腾讯天籁 AI 技术和腾讯会议康复功能的新耳蜗，通过腾讯会议接受远程的听觉康复训练，这帮助江某提升单音节识别率 66%，听力康复效果得到了有效提升。

从消费互联网到产业互联网也是从连接到激活的演进。产业互联网正在通过激活生产、激活组织、激活用户，助力各行各业实现降本增效和创新发展。

单元 1 数字经济创新意义

1.1 提升生产力和效率

数字经济创新对于提升生产力和效率具有重要意义。

（1）自动化和智能化。数字技术的应用可以自动化和智能化传统工作流程，减少人力参与和时间消耗。例如，自动化的生产线和智能化的机器人可以替代人力工作，提高生产效率和质量。

（2）数据驱动决策。数字经济提供了大量的数据收集和分析工具，使企业能够更好地了解市场需求、消费者行为和竞争情况。通过数据驱动的决策，企业可以更准确地预测趋势、优化生产流程和提高资源利用率，从而提高生产力和效率。

（3）云计算和协作工具。云计算技术使得数据和应用程序能够在不同地点和设备之间进行共享和访问。这种协作工具的使用有助于团队协同工作、远程办公和信息共享，提高工作效率和生产力。

（4）创新商业模式。数字经济催生了许多新的商业模式，如共享经济、平台经济和订阅服务模式。这些模式通过数字技术的创新和整合，改变了传统产业的运作方式，提高了资源利用效率和市场效率。

（5）跨界融合与创新。数字经济促使不同行业之间的融合和创新，推动了新的产业生态系统的形成。通过跨界合作和创新，企业可以利用数字技术和数据优势，提高生产力和效率，并在新兴领域中获得竞争优势。

总而言之，数字经济的创新通过自动化、数据驱动决策、云计算协作工具、创新商业模式及跨界融合与创新等方式，提升了生产力和效率，为企业和经济发展带来了重要的机遇和优势。

1.2 促进经济增长和就业机会

数字经济创新对于促进经济增长和创造就业机会具有重要的意义。

（1）新兴产业的兴起。数字经济的创新催生了一系列新兴产业，如电子商务、互联网金融、人工智能、大数据分析等。这些新兴产业在经济中发挥着越来越重要的作用，为经济增长提供了新的发展动力。

（2）创业和创新的推动。数字经济创新为创业者和创新者提供了更广阔的舞台。通过创新的商业模式、产品和服务，创业者可以在数字经济领域迅速崛起，并创造就业机会。创新的企业可以成为经济增长的引擎，带动其他相关产业的发展。

（3）数字化转型的影响。许多传统行业正在进行数字化转型，以适应数字经济的需求。这种转型过程不仅提高了企业的效率和竞争力，还为经济带来了增长和创造就业机会，如传统零售业转向电子商务，传统制造业引入智能制造等。

（4）就业机会的多样性。数字经济的创新带来了许多新的职业和就业机会。例如，数据分析师、人工智能工程师、电子商务专员等职位的需求不断增长。同时，数字经济的创新也为自由职业者和远程工作者提供了更多的就业选择与灵活性。

（5）区域经济发展。数字经济的创新对于促进区域经济发展具有重要的作用。数字技术的普及和应用使得地理距离不再是限制因素，地区可以利用自身的特色和优势在数字经济中发展，吸引投资、推动经济增长，并创造就业机会。

综上所述，数字经济的创新通过促进新兴产业的兴起、推动创业和创新、推动数字化转型、创造多样化的就业机会及促进区域经济发展等方式，对于经济增长和就业机会的提升具有重要的意义。

1.3 打破传统行业边界和创造新商业模式

数字经济创新具有打破传统行业边界和创造新商业模式的重要意义。

（1）去中心化和平台经济。数字经济的创新催生了许多去中心化的平台和市场，如共享经济平台、在线交易平台等。这些平台打破了传统行业的边界，将供需双方连接起来，创造了全新的商业模式和商业机会。

（2）无缝融合和跨界整合。数字技术的发展使不同行业之间的融合和整合成为可能。通过数字经济的创新，企业可以将不同行业的资源、技术和服务进行无缝融合，创造全新的价值链和商业模式。例如，传统汽车制造商与科技公司合作推出智能汽车。

（3）数据驱动和个性化服务。数字经济的创新以数据为核心，通过大数据分析和个性化算法，为用户提供个性化的产品和服务。这种个性化的服务模式打破了传统的标准化生产和销售模式，满足了消费者多样化的需求，创造了全新的商业机会。

（4）开放创新和合作伙伴关系。数字经济创新鼓励开放创新和合作伙伴关系的建立。企业通过与其他企业、初创公司、研究机构等合作，共享资源和技术，打破了传统行业的壁垒，创造了新的商业模式和创新解决方案。

（5）新兴技术的应用。数字经济的创新推动了许多新兴技术的应用和整合，如人工智能、区块链、物联网等。这些技术的应用为传统行业带来了新的商业模式和运营方式，进一步打破了行业边界。

通过打破传统行业边界和创造新商业模式，数字经济的创新为企业带来了更多的发展机会和竞争优势。企业可以通过整合资源、创新服务和开放合作，实现价值链的重构和差异化竞争，为消费者提供更具创新性和个性化的产品与服务。

单元 2　数字创业现状

2.1　数字创业的兴起

数字经济的兴起已经催生了许多数字创业机会。数字创业是指利用数字技术和互联网平台进行商业活动与创新的行为。以下是数字创业兴起方面的一些关键点：

（1）创业机会增多。数字经济的快速发展为创业者提供了广阔的机会。通过互联网和数字技术，创业者可以在全球范围内开展业务，还可以利用大数据、人工智能、区块链等技术创新来推动业务增长。

（2）低成本创业。相对于传统实体创业，数字创业通常需要较低的启动成本。创业者可以通过建立在线商店、创建数字产品或服务，以及利用社交媒体等平台进行市场推广，降低了市场进入门槛。

（3）全球市场。数字创业可以跨越地域限制，使创业者能够直接进入全球市场。通过互联网，创业者可以将产品和服务推向全球消费者，从而实现规模化经营和国际化发展。

（4）创新和灵活性。数字创业鼓励创新和灵活性。创业者可以利用技术工具和平台来开发新的商业模式、产品或服务，以满足不断变化的市场需求。数字创业也提供了更多的自由度和灵活性，使创业者能够根据市场反馈及时调整和改进业务。

（5）政策支持。为了促进数字经济的发展，许多国家和地区都提供了支持数字创业的政策与资源。政府部门和创业生态系统提供了创业孵化器、创业基金、税收减免和技术支持等方面的支持，以鼓励更多的数字创业者。

总体而言，数字创业的兴起为创业者提供了巨大的机会和潜力。随着数字经济的不断发展和技术的进步，数字创业将继续成为一个热门的领域，吸引越来越多的创业者投身其中。

2.2　数字创业领域和机会

数字经济的兴起为创业者提供了广泛的创业领域和机会。数字经济中常见的创业领域和机会如下：

（1）电子商务。随着互联网的普及，电子商务成为数字创业的重要领域之一。创业者可以创建在线商店，销售各种产品和服务。电子商务领域还包括电子支付、物流和供应链管理等方面的创新。

（2）移动应用开发。移动应用市场的快速增长为移动应用开发者提供了巨大的机会。创业者可以开发各种类型的应用程序，包括游戏、社交媒体、工具、健康和教育应用等。移动应用开发还包括与增强现实和虚拟现实相关的创新。

（3）在线教育和培训。数字技术的发展使在线教育和培训成为热门创业领域。创业者可以创建在线学习平台，提供各种学科和技能的教育课程。在线培训还包括职业培训、技能认证和个人发展方面的机会。

（4）软件开发和IT服务。随着企业对数字化转型的需求增加，软件开发和IT服务成为数字经济中的重要创业领域。创业者可以提供定制软件开发、应用程序集成、云计算、网络安全和数据分析等方面的服务。

（5）数据分析和人工智能。随着大数据时代的到来，数据分析和人工智能成为创业者的重要机会。创业者可以利用数据分析和机器学习技术来提供数据驱动的解决方案，包括市场分析、个性化推荐、智能客服和预测分析等。

（6）区块链技术。区块链技术在数字经济中具有广阔的应用前景，为创业者提供了创新的机会。创业者可以利用区块链构建安全的数字身份系统、供应链跟踪平台、智能合约和去中心化应用等。

（7）社交媒体和数字营销。社交媒体的普及为数字营销和社交媒体营销提供了机会。创业者可以提供社交媒体管理、内容创作、社交媒体广告和影响营销等方面的服务。

上述只是数字经济中一些常见的创业领域和机会，随着技术的不断发展和市场需求的变化，还会涌现出新的创业机会。创业者应密切关注市场趋势和消费者需求，选出自己擅长的领域，并结合创新的思维和技术来开拓数字经济的创业机遇。

2.3　数字创业面临的挑战和障碍

数字创业虽然提供了许多机会，但也面临一些挑战和障碍。数字创业常见的挑战和障碍如下：

（1）市场竞争。数字创业领域存在激烈的市场竞争。由于低成本和便利性，许多创业者都进入了相同的领域，导致市场竞争更加剧烈。创业者需要面对来自其他公司和新创企业的竞争，必须有独特的价值主张和市场差异化才能在竞争中脱颖而出。

（2）技术和人才。数字创业需要依赖技术和人才，但技术的快速发展和招聘优秀人才的竞争使获取足够的技术支持和人才成为一项挑战。创业者需要具备相关的技术知识或建立与技术专家和团队的合作关系，以确保其业务的顺利开展。

（3）资金和投资。数字创业通常需要资金来支持产品开发、市场推广和业务扩展。然而，获得足够的资金和投资可能是一个挑战。创业者需要寻找投资者、风险投资基金或其他资金来源，并制定可行的融资计划，以支持他们的创业项目。

（4）法律法规与合规性。数字创业涉及许多法律和合规性问题。创业者需要了解并遵守相关的法律法规，包括隐私保护、数据安全、知识产权等方面的规定。不合规的行为可能会导致法律纠纷和声誉损害，因此，创业者需要在法律事务方面寻求专业建议并建立健全的合规体系。

（5）用户获取和市场推广。在数字创业中，获取用户和市场推广是至关重要的。然而，吸引用户和有效地推广产品可能是一个挑战。创业者需要制定有效的市场营销策略，并投入足够的资源来提高品牌知名度、吸引目标用户和建立用户基础。

（6）不稳定的技术环境。数字经济中的技术环境变化快速，新技术的出现和过时技术的淘汰是常态。创业者需要时刻关注技术趋势，及时适应和采用新技术，并保持技术更新和创新，以应对不断变化的市场需求。

（7）安全和隐私风险。数字创业涉及大量的数据交互和用户信息处理，因此面临着安全和隐私风险。创业者需要采取有效的安全措施，保护用户数据和信息的安全性，并遵守相关的隐私保护法规。

上述挑战和障碍需要创业者具备坚定的决心、创新的思维和灵活的适应能力，同时建立合适的团队和资源支持，以克服困难，实现数字创业的成功。

单元 3　数字经济创新策略和措施

3.1　技术创新

技术创新是推动数字经济发展的重要驱动力之一。

知识拓展：数字经济的创新策略和措施

（1）人工智能和机器学习。人工智能和机器学习的发展为数字经济带来了巨大的创新潜力。利用人工智能和机器学习技术，可以分析和处理大规模的数据，提供个性化的产品和服务，改善决策过程，并自动化业务流程。

（2）云计算和大数据。云计算和大数据技术的发展使存储和处理大规模数据变得更加高效与经济。通过云计算平台，企业可以灵活地扩展其计算和存储能力，并利用大数据分析来获得深入的洞察力，优化运营和决策。

（3）物联网。物联网是连接物理设备和传感器的网络，通过收集和共享数据，提供了许多数字经济中的创新机会。物联网可以应用于各个行业，如智能家居、智能制造和智慧城市等领域，实现设备的互联互通，并提供智能化的服务和解决方案。

（4）区块链技术。区块链是一种去中心化的分布式账本技术，可以确保数据的安全性、透明性和可追溯性。在数字经济中，区块链可以用于建立可信的数字身份、实现安全的交易和合约，以及改进供应链管理等方面。

（5）虚拟现实和增强现实。虚拟现实和增强现实技术为数字经济带来了全新的交互和体验方式。通过虚拟现实和增强现实技术，用户可以沉浸式地参与虚拟环境或在现实环境中叠加数字信息，为教育、娱乐、旅游等领域创造全新的商业机会。

（6）5G 通信技术。5G 通信技术的广泛应用将带来更快的数据传输速度、更低的延迟和更大的网络容量。这将为数字经济中的移动应用、物联网设备和实时互动等方面提供更强大的支持，推动创新和发展。

（7）数据安全和隐私保护。在数字经济中，数据安全和隐私保护至关重要。创新的技术和措施需要不断提升数据的安全性，以确保用户和企业的数据不被未经授权的访问与滥用。其中包括采用强大的加密技术、建立安全的身份验证机制、实施数据备份和恢复策略，以及遵守相关的数据保护法规。

上述技术创新策略和措施可以促进数字经济的发展，提高企业的竞争力，并为用户提供更好的体验和服务。然而，技术创新也需要与法规和伦理原则相结合，确保其应用的合法性和社会责任性。

数字经济支持政策覆盖的场景见表 8-1。

表 8-1　数字经济支持政府覆盖的场景

时间	文件名称	主要内容	涉及场景
2023年2月	数字中国建设整体布局规划	提出数字中国“2522”的整体框架	数字教育、数字医疗、数字生态、数字文化消费、数字政务
2022年12月	扩大内需战略规划纲要（2022—2035年）	培育“互联网+社会服务”新模式	数字教育、数字医疗、数字文化消费
2022年10月	全国一体化政务大数据体系建设指南	构建“1+32+N”全国一体化政务大数据体系	数字政务
2022年7月	“十四五”全国城市基础设施建设规划	加快新型城市基础设施建设，推进智慧化转型发展	智慧城市
2022年6月	国务院关于加强数字政府建设的指导意见	构建智能集约的政务信息平台支撑体系	数字政务
2022年5月	关于推进实施国家文化数字化战略的意见	发展数字化文化消费新场景，提升公共文化服务数字化水平	数字文化消费、数字政务

续表

时间	文件名称	主要内容	涉及场景
2022年4月	关于加快建设全国统一大市场的意见	培育一批有全球影响力的供应链企业	数字供应链
2022年1月	数字乡村发展行动计划（2022—2025年）	形成以城带乡、共建共享的数字城乡融合发展格局	智慧农业、数字政务
	关于促进云网融合加快中小城市信息基础设施建设的通知	到2025年实现“千城千兆”和“千城千池”建设目标	智能制造、智慧家庭
	“十四五”数字经济发展规划	优化升级数字基础设施，充分发挥数据要素作用，加快推动数字产业化	智能工厂、数字农业、数字供应链、数字政务
	“十四五”推进国家政务信息化规划	到2025年政务信息化建设总体迈入以数据赋能、协同治理、智慧决策、优质服务为主要特征的融慧治理新阶段	数字政务
2021年12月	“十四五”智能制造发展规划	建设智能制造示范工厂，培育推广智能制造新模式	智能工厂、数字供应链
2021年11月	交通运输部办公厅关于组织开展自动驾驶和智能航运先导应用试点的通知	促进新一代信息技术与交通运输深度融合	智慧交通、自动驾驶、智能航运

数据来源：中国政府网、中央网信办，广发证券发展研究中心

3.2　数据驱动创新

数字经济创新策略和措施之一是数据驱动创新。数据驱动的创新是指利用大数据和数据分析技术，以数据为基础进行创新和决策的过程。数据驱动创新的相关策略和措施如下：

（1）数据收集和整合。数字经济中产生了大量的数据，包括用户行为数据、交易数据、社交媒体数据等。创新者需要收集和整合这些数据，建立起全面、准确的数据基础。

（2）数据分析和挖掘。通过应用数据分析和挖掘技术，对数据进行深入挖掘和分析，发现数据中的模式、趋势和关联。这可以帮助创新者理解用户需求、市场趋势和业务机会。

（3）预测和预测建模。基于历史数据和分析结果，建立预测模型和预测建模，以预

测未来的趋势和需求。这有助于创新者提前做出决策和调整战略。

（4）用户洞察和个性化服务。通过数据分析，了解用户的偏好、习惯和需求，为用户提供个性化的产品和服务。这可以增强用户体验、提高用户忠诚度，并开发新的商业机会。

（5）快速迭代和试验。数据驱动的创新鼓励快速迭代和试验。通过收集用户反馈和数据，快速调整产品和服务，不断改进和优化创新方案。

（6）合作和开放创新。数据驱动的创新倡导合作和开放的创新模式。创新者可以与数据提供商、技术公司和其他合作伙伴合作，共享数据和资源，实现创新的互利共赢。

（7）数据安全和隐私保护。在数据驱动的创新过程中，创新者需要重视数据安全和隐私保护。合理采取安全措施，确保数据的机密性、完整性和可用性，同时遵守相关的法律、法规和隐私政策。

通过数据驱动的创新策略和措施，创新者可以更好地了解市场需求、优化产品和服务，并开发出具有竞争力的数字经济解决方案。

3.3 建立创新型企业文化和组织结构

数字经济创新策略和措施之一是建立创新型企业文化和组织结构。创新型企业文化和组织结构是为了促进创新和灵活性，使组织能够适应快速变化的数字经济环境。创新型企业文化和组织结构的策略和措施如下：

（1）鼓励创新思维。创新型企业文化鼓励员工积极思考和提出新的创意与想法。组织可以通过奖励制度、创新挑战赛和开放式讨论等方式，激励员工参与创新。

（2）容忍失败和学习。创新过程中难免会失败和遇到挫折。创新型企业文化要求容忍失败，并将其视为学习和改进的机会，应鼓励员工从失败中吸取教训，快速调整和改进创新方案。

（3）扁平化组织结构。传统的层级式组织结构可能会限制创新的自由流动和决策的迅速执行。创新型企业倾向于采用扁平化的组织结构，减少层级和决策层，提高信息的传递效率和决策的灵活性。

（4）创新团队和跨部门合作。创新型企业鼓励建立专门的创新团队，由具有不同背景和专业知识的成员组成。同时，企业还应促进跨部门的合作和协同工作，以促进不同部门之间的知识共享和创新交流。

（5）内部创业和孵化器。创新型企业鼓励内部创业和创新项目的孵化。通过设立内部孵化器或创新实验室，提供资源和支持，让员工能够将自己的创新想法转化为具体的业务项目。

（6）激励和奖励机制。创新型企业建立激励和奖励机制，以鼓励员工的创新行为和成果。这可以包括提供股权激励、创新成果的奖金和晋升机会等，以激发员工的创新动力。

（7）外部合作和开放创新。创新型企业鼓励与外部合作伙伴进行开放创新。通过与创新型初创企业、高科技公司和学术机构等合作，共享资源和知识，企业可以实现创新的互利共赢。

通过建立创新型企业文化和组织结构，企业能够激发员工的创新潜能，推动创新活动的发展，并提高自身在数字经济中的竞争力和适应性。

单元 4　数字经济创新发展趋势

4.1　人工智能和机器学习的应用

数字经济创新发展趋势之一是人工智能和机器学习的应用。AI 和 ML 技术是当前数字经济中最具前景和影响力的技术之一，其正在改变各个行业和领域的商业模式与运营方式。人工智能和机器学习在数字经济中的应用趋势有以下几个方面：

（1）自动化和智能化生产。人工智能和机器学习技术可以用于自动化和智能化生产过程，提高生产效率和质量。例如，智能机器人在制造业中的应用，可以执行重复性和危险的任务，减少人工成本和风险。

（2）智能客户服务和体验。人工智能和机器学习技术可以应用于客户服务和体验领域，提供个性化和智能化的服务。例如，虚拟助手和聊天机器人可以实现自动化客户支持，通过自然语言处理和机器学习算法提供快速、准确的解答和建议。

（3）数据分析和预测。人工智能和机器学习技术可以处理大规模的数据，并从中发现模式和趋势，进行数据分析和预测。这有助于企业做出更准确的决策和预测市场需求，优化供应链和库存管理，提高运营效率。

（4）智能推荐和个性化营销。人工智能和机器学习技术可以分析用户的行为和偏好，并提供个性化的产品推荐和营销策略。通过精准的推荐和个性化营销，企业可以提高销售转化率和客户满意度。

（5）自动驾驶和智能交通。人工智能和机器学习技术在交通领域的应用越来越广泛。自动驾驶汽车、智能交通管理系统和交通预测等技术正在改变交通运输方式，提高交通效率和安全性。

（6）金融科技和智能支付。人工智能和机器学习技术在金融领域的应用也日益增多。

例如，基于机器学习的风险评估模型可以帮助金融机构更准确地评估借贷风险；智能支付技术如人脸识别和声纹识别等正在改变支付方式与安全性。

（7）健康医疗和智慧医疗。人工智能和机器学习技术在医疗领域的应用具有巨大潜力。例如，医学影像分析、疾病预测和个性化治疗等方面，人工智能和机器学习技术可以帮助医疗机构提高诊断准确性和治疗效果，改善医疗服务质量。

（8）虚拟现实和增强现实。人工智能和机器学习技术与虚拟现实和增强现实等交互技术结合，为用户创造了沉浸式和个性化的体验。如虚拟试衣、虚拟旅游、增强现实导航等应用正在改变零售、旅游和娱乐等行业。

上述应用趋势表明，人工智能和机器学习在数字经济中的作用将越来越重要。随着技术的不断发展和创新，预计将出现更多创新和突破，进一步推动数字经济的发展和转型。

4.2 区块链和加密货币的发展

数字经济创新发展趋势之一是区块链和加密货币的发展。区块链是一种去中心化的分布式账本技术，而加密货币是区块链的一个重要应用。区块链和加密货币在数字经济中的发展趋势如下：

（1）去中心化金融和数字资产。区块链和加密货币提供了一种去中心化的金融体系，使人们可以直接进行数字资产的交易和转移，绕过传统金融机构和中介。这为数字经济中的跨境支付、跨链交易和数字资产投资等提供了新的解决方案。

（2）智能合约和去中心化应用。区块链技术支持智能合约，这是一种可自动执行的合约，不需要第三方介入。智能合约的应用范围广泛，包括去中心化金融、供应链管理、知识产权保护等。通过智能合约，可以实现更高效、透明和安全的交易和合作。

（3）去中心化身份和数字身份验证。区块链技术可以提供去中心化的身份验证和管理系统，保护个人隐私和数据安全。通过区块链的不可篡改性和去中心化特性，可以建立可信的数字身份，并实现更安全、便捷的身份验证和数据共享。

（4）去中心化的应用生态系统。区块链技术促进了去中心化的应用生态系统的发展。通过建立区块链平台和生态系统，开发者可以构建各种去中心化应用，提供各种服务和功能，如去中心化交易所、去中心化存储、去中心化社交网络等。

（5）政府和企业应用。区块链技术在政府和企业中的应用也逐渐增多。政府可以利用区块链来提高公共服务的透明度和效率，如投票系统、土地登记和社会救助等。同时，企业可以利用区块链来改进供应链管理、物联网安全和知识产权保护等领域。

（6）隐私保护和数据所有权。区块链技术提供了一种去中心化的数据管理方式，使用户能够更好地控制自己的数据，并保护隐私。通过区块链的加密和权限管理功能，可以确保数据的安全性和数据所有权的归属。

（7）可持续发展和社会责任。区块链技术在可持续发展和社会责任方面也有潜力。例如，区块链可以用于追溯供应链的透明度和可信度，促进可持续采购和环境保护。另外，区块链还可以用于社会公益事业，如公平分配、捐款跟踪和援助发放等。

上述发展趋势显示出区块链和加密货币在数字经济中的潜力与影响力。随着技术的进一步发展和采纳，预计将出现更多创新和应用场景，推动数字经济的发展和转型。

4.3 云计算和边缘计算的进步

数字经济创新发展趋势之一是云计算和边缘计算的进步。云计算和边缘计算是支持数字经济的关键技术，正在改变企业的计算和数据处理方式。云计算和边缘计算在数字经济中的发展趋势如下：

（1）弹性和灵活性。云计算提供了弹性和灵活性的计算资源。企业可以根据需求快速扩展或缩减计算能力，无须投资大量硬件设备。边缘计算则使数据处理更接近数据源，提供更低的延迟和更高的响应速度。

（2）多云与混合云。企业倾向于采用多云和混合云的策略，结合不同的云服务提供商和部署模式。这使企业能够根据业务需求选择最适合的云解决方案，并充分利用各种云服务的优势。

（3）边缘计算和物联网。边缘计算为物联网设备提供了更强大的计算和分析能力。通过在边缘设备上运行智能算法和模型，可以实现实时数据处理和决策，降低对云端的依赖程度，提高物联网应用的效率和可靠性。

（4）人工智能和大数据分析。云计算为人工智能和大数据分析提供了强大的计算和存储能力。企业可以利用云端的强大计算资源和数据处理能力，进行复杂的人工智能算法和大数据分析，从海量数据中发现有价值的信息和洞察。

（5）安全和隐私保护。随着云计算和边缘计算的发展，安全和隐私保护变得尤为重要。云服务提供商和边缘设备厂商不断加强安全措施，采用加密、身份验证和访问控制等技术，保护数据的机密性和完整性。

（6）边缘计算与云计算协同。边缘计算和云计算之间的协同作用将进一步增强。边缘设备可以进行一部分的数据处理和分析，将关键的数据和结果传输到云端进行进一步处理和存储。这种协同模式可以提高系统的整体效率和性能。

（7）高性能计算和量子计算。云计算和边缘计算的进步还将推动高性能计算与量子计算的发展。企业和科研机构可以利用云计算与边缘计算的能力，进行更复杂和计算密集的任务，推动科学研究、创新和发现。

上述发展趋势表明，云计算与边缘计算在数字经济中的作用将持续增强。随着技术的不断进步和创新，预计将出现更多的应用场景和解决方案，推动数字经济的发展和转型。

4.4 数字化营销和消费者体验创新

数字经济创新发展趋势之一是数字化营销和消费者体验创新。随着数字技术的不断发展，营销和消费者体验正在经历深刻的变革。数字化营销和消费者体验创新的趋势如下：

（1）数据驱动的个性化营销。借助数据分析和人工智能技术，企业可以更好地了解消费者的偏好和行为。通过个性化推荐、定制化营销和个别化沟通，企业可以提供更贴近消费者需求的产品和服务，增强消费者体验和忠诚度。

（2）多渠道和跨渠道营销。消费者现在在多个渠道上进行购物和互动，如电子商务平台、社交媒体和实体店铺等。企业需要在多个渠道上建立一致的品牌形象和优质的消费者体验，使消费者可以在不同渠道之间无缝切换，并享受一致的服务。

（3）社交媒体和影响力营销。社交媒体成为消费者获取信息和互动的重要平台。企业可以通过社交媒体建立品牌形象、推广产品和与消费者互动。影响力营销也越来越受重视，通过与有影响力的个人或机构合作，提高品牌曝光度和信任度。

（4）虚拟现实和增强现实体验。虚拟现实和增强现实技术为消费者创造沉浸式的体验。企业可以利用这些技术提供虚拟试衣、虚拟现实展览和增强现实导航等创新的消费者体验，吸引消费者并增加互动性。

（5）移动化和无线支付。移动设备的普及和无线支付技术的发展改变了消费者购物与支付的方式。企业需要优化移动端用户体验，提供便捷的移动购物和支付解决方案，满足消费者的需求。

（6）电子商务创新。电子商务行业正经历着创新的浪潮。新的商业模式和技术应用不断涌现，如共享经济、订阅服务、直播电商等。这些创新为消费者提供更多元化和便捷化的购物体验，推动数字经济的进一步发展。

（7）用户生成内容和社区参与。消费者的参与和互动变得更加重要。用户生成内容和社区参与成为数字化营销的重要组成部分。企业可以鼓励用户生成内容，提供平台让消费者分享使用体验和意见，从而增强品牌认可度和口碑。

上述趋势表明，数字化营销和消费者体验创新将持续推动数字经济的发展。企业需要积极采用新技术和策略，不断优化营销策略和提升消费者体验，以适应不断变化的市场需求和消费者需求。

思考与实训

1. 当前的数字经济发展趋势是什么？
2. 总结数字经济学研究方法的变革原因和主要特点。
3. 在数字经济蓬勃发展的背景下，我国应如何将其发展得更好？

参考文献

［1］ 张鹏 . 数字经济的本质及其发展逻辑 [J]. 经济学家，2019（02）：25–33.

［2］ 高希龙 . 人力资本投资与我国结构性失业 [D]. 成都：西南财经大学，2000.

［3］ 梁还 . 洞见未来：大数据与人工智能 [J]. 大数据时代，2018（02）：32–37.

［4］ 张承光 . 电子物流网络的实现与构想 [J]. 互联网周刊，1999（24）：38.

［5］ 陶乾，宋春雨 . 企业数据泄露的法律治理困境与规范适用 [J]. 中国信息安全，2021（05）：34–36.

［6］ 宋远方，王兴涛，翟世奎 . 应用全球定位系统、地理信息系统和遥感技术实现海洋资源与环境的可持续发展 [J]. 中国海洋大学学报(自然科学版)，2006(01)：26–30.

［7］ 鲍昱君 . 创新驱动下的中国产业发展与经济结构优化效应研究 [D]. 大连：东北财经大学，2020.

［8］ 熊翠连 . 弹性光网络下虚拟网络映像和资源分配策略 [D]. 重庆：重庆邮电大学，2018.

［9］ 齐冰晶 . 从合同角度论人体基因数据库之建置 [D]. 福州：福建师范大学，2016.

［10］ 刘进，赵玉兰，张新生，等 . 基于数字孪生的智能工厂建设 [J]. 现代智造工程，2019（09）：68–75.

［11］ 王翔 . A 公司基于智能制造的生产系统设计与管理研究 [D]. 上海：东华大学，2019.

［12］ 付永贵 . 基于区块链的供应链信息共享机制与管理模式研究 [D]. 北京：中央财经大学，2018.

［13］ 张华德 . 传感器与信号处理技术在机械设备故障诊断中的应用研究 [D]. 上海：东华大学，2005.

［14］ 张伟 . 个性化推荐开放平台的设计与实现 [D]. 成都：电子科技大学，2014.

［15］ 李炎，胡洪斌 . 集成创新：文化产业与科技融合本质 [J]. 深圳大学学报（人文社会科学版），2015，32（06）：107–112+106.

［16］ 郑元 . 智能网联环境下高速公路自动驾驶车辆决策控制研究 [D]. 南京：东南大学，2022.

［17］ 王轩 . 区块链在金融领域的新发展——De Fi 的创新及挑战 [J]. 商场现代化，2021（13）：145–149.

［18］ 赵慧娟，魏中龙 . 数字经济发展对就业的影响机理及促进就业的路径研究 [J]. 创新，2021，15（06）：73–83.

［19］ 许远 . 适应数字经济发展实现高质量充分就业和体面劳动——面向新时代的我国数字技能开发策略及展望 [J]. 教育与职业，2023（03）：59–67.

［20］ 宋园 . 浙江信息经济领域的创新政策演进及绩效评价 [D]. 杭州：杭州电子科技大学，2016.

［21］ 潘天君 . 人工智能时代职业培训发展研究——基于适龄劳动力技能视角 [D]. 南昌：江西科技师范大学，2019.

［22］ 王思霓 . 数字经济背景下青年人才培养模式及对策研究 [J]. 中国青年研究，2023（04）：36–42+20.

［23］ 李芊池，于红雨 . 互联网、大数据、人工智能与实体经济深度融合研究 [J]. 现代经济信息，2018（16）：7.

［24］ 李琴 . 数据跨境流动的国际规制及中国应对 [D]. 长春：吉林大学，2019.

［25］ 傅盈盈 . 数字经济视野下跨境数据流动法律监管制度研究及对我国的启示——以日本为例 [J]. 经济研究导刊，2021（33）：125–129.

［26］ 李三希，王泰茗，武玙璠 . 数字经济的信息摩擦：信息经济学视角的分析 [J]. 北京交通大学学报（社会科学版），2021，20（04）：12–22.

［27］ 杨玛丽 . 制造企业数字化水平、商业模式创新与国际竞争力——以江苏省为例 [D]. 镇江：江苏大学，2022.